sauber. Bei Pesto die Oberfläche glatt streichen und das Pesto komplett mit einer Ölschicht bedecken. Heißes wie Chutney und Relish gleich nach dem Kochen in die Gläser oder Flaschen füllen und die Deckel sofort schließen. So bildet sich ein Vakuum in Flasche oder Glas.

RICHTIG AUFBEWAHREN

Was ungekocht eingefüllt wird wie Pesto, wandert zum Lagern am besten gleich in den Kühlschrank. Was gekocht ins Glas kommt und länger haltbar ist, kann im kühlen Keller oder der Vorratskammer aufbewahrt werden. Nach dem Öffnen aber auch unbedingt in den Kühlschrank stellen!

KLASSISCH GENIESSEN

Immer wieder gut ist grünes Pesto zu Pasta oder Gnocchi. Dazu mit so viel heißem Kochwasser verrühren, bis es schön cremig ist. Und einfach unter Pasta oder Gnocchi mischen. Genauso geht es mit anderen Pasten wie Steinpilzpesto, rotem Pesto ...

AUF DEM BROT

Schnell gemacht und einfach köstlich: dünne Scheiben (Vollkorn-)Baguette oder Toast im Backofen bei 250° ca. 4 Min. knusprig backen oder im Toaster rösten. Mit Pesto oder einer anderen Paste wie z. B. der Avocado-Kräuter-Paste bestreichen und zum Aperitif oder als kleinen Imbiss servieren. Außergewöhnlich und sehr raffiniert: geröstete Brotscheiben mit etwas Frischkäse bestreichen und mit einem Chutney oder Relish toppen.

ALS FEINE WÜRZE

Alle Pasten und Saucen in diesem Buch sind wunderbar würzig. Das kann man nutzen, etwa für eine Salatsauce: einfach unter die übliche Vinaigrette 1 TL Pesto der Wahl (das Feigenpesto passt wunderbar, vor allem zu kräftigen Wintersalaten!), Chutney, Relish oder einen selbst gemachten Senf mischen. Und auch der Frischkäse auf dem Sandwich wird durch etwas Pesto & Co. aufgewertet. Ebenfalls gut: unter Ricotta oder Quark mischen und mit Pellkartoffeln genießen.

IN DER SAUCE

Auch warme Saucen wie Wein-, Sahne- und sogar Bratensaucen vertragen gelegentlich einen Schuss mehr Würze. Unter milde Sahne- und Weinsaucen am besten ein eher sanftes Pesto wie das klassische aus Basilikum, Haselnuss-Thymian-Pesto, Pilzpesto oder das Dillpesto mit Frischkäse rühren, unter kräftige Saucen kann man auch sehr aromatische Kreationen wie beispielsweise das Feigenpesto, eine der Olivenpasten, die Dattelpaste oder eines der Chutneys oder Relishes mischen.

PESTO ALLA GENOVESE

50 g Pinienkerne | 2 Bund Basilikum (ca. 50 g) | Salz | 100 ml Olivenöl | 1 Knoblauchzehe (nach Belieben) | 2 EL frisch geriebener Parmesan | Pfeffer | Olivenöl zum Bedecken

Für ca. 200 ml | 15 Min. Zubereitung | gekühlt mind. 2 Wochen haltbar

Pro 50 ml ca. 380 kcal, 4 g EW, 39 g F, 4 g KH

1 Die Pinienkerne in einer Pfanne ohne Fett bei mittlerer Hitze unter Rühren goldbraun rösten. Sobald sie braun werden, aus der Pfanne nehmen.

2 Das Basilikum waschen. Die Blätter abzupfen und sehr gut trocken tupfen. Anschließend grob hacken, damit sie sich nicht um das Hackmesser wickeln.

3 Das Basilikum mit den Pinienkernen und 1 Prise Salz im Mixer oder mit dem Pürierstab fein pürieren. Dann nach und nach das Öl dazugießen und untermixen.

4 Nach Belieben den Knoblauch schälen und durch die Presse dazudrücken. Den Käse unterrühren und das Pesto mit Salz und Pfeffer abschmecken.

5 Das Pesto in saubere Gläser füllen und die Oberfläche glatt streichen. Mit einer Schicht Olivenöl bedecken, das schützt es. Das Pesto kühl lagern.

TIPP

Klassisch wird das Pesto mit Pasta, z. B. Spaghetti oder Linguine, serviert. Dazu das Pesto im Teller mit etwas heißem Kochwasser cremig rühren, dann die abgetropften Nudeln untermischen. In Ligurien, der Heimat des Pesto, kommen übrigens Kartoffelwürfel und grüne Bohnen mit in den Teller!

PESTO, CHUTNEY & CO.

Kleine Würzwunder aus dem Glas

Autorin: Cornelia Schinharl | Fotos: Jörn Rynio

QUALITÄTS G|U GARANTIE

DIE GU-QUALITÄTS-GARANTIE

Wir möchten Ihnen mit den Informationen und Anregungen in diesem Buch das Leben erleichtern und Sie inspirieren, Neues auszuprobieren. Bei jedem unserer Bücher achten wir auf Aktualität und stellen höchste Ansprüche an Inhalt, Optik und Ausstattung. Alle Rezepte und Informationen werden von unseren Autoren gewissenhaft erstellt und von unseren Redakteuren sorgfältig ausgewählt und mehrfach geprüft. Deshalb bieten wir Ihnen eine 100 %ige Qualitätsgarantie.

Darauf können Sie sich verlassen:
Wir legen Wert darauf, dass unsere Kochbücher zuverlässig und inspirierend zugleich sind.
Wir garantieren:
- dreifach getestete Rezepte
- sicheres Gelingen durch Schritt-für-Schritt-Anleitungen und viele nützliche Tipps
- eine authentische Rezept-Fotografie

Wir möchten für Sie immer besser werden:
Sollten wir mit diesem Buch Ihre Erwartungen nicht erfüllen, lassen Sie es uns bitte wissen! Wir tauschen Ihr Buch jederzeit gegen ein gleichwertiges zum gleichen oder ähnlichen Thema um. Nehmen Sie einfach Kontakt zu unserem Leserservice auf. Die Kontaktdaten unseres Leserservice finden Sie am Ende dieses Buches.

GRÄFE UND UNZER VERLAG
Der erste Ratgeberverlag – seit 1722.

KV

INHALT

TIPPS UND EXTRAS

Umschlagklappe vorne:
Die absoluten Lieblinge

4 Gut gemacht, gut gegessen
6 Pesto alla genovese
7 Noch mehr Grün
64 Zum Verschenken – Gut kombiniert

Umschlagklappe hinten:
Auf gutes Gelingen!
Schnelles zum Dippen

8 PESTO & KRÄUTERPASTEN

10 Tomatenpesto
11 Asiatisches Pesto
12 Kürbiskern-Petersilien-Paste
13 Mandel-Tomaten-Pesto
13 Haselnuss-Thymian-Pesto
14 Würzige Feigenpaste
16 Cashewpaste mit Kresse
16 Erdnuss-Schnittlauch-Pesto
17 Dillpesto mit Frischkäse
17 Steinpilz-Chili-Pesto
18 Avocado-Kräuter-Paste
19 Salsa verde

20 AJVAR, HUMMUS & CO.

22 Paprika-Nuss-Paste
23 Rote Mojo
24 Klassisches Ajvar
26 Olivenpaste mit Chermoula
27 Schwarze Olivenpaste
27 Grüne Oliven-Curry-Paste
28 Zucchini-Salbei-Paste
30 Würzige Dattelpaste
31 Zitronige Sardellenpaste
32 Linsenpaste mit Basilikum
33 Bohnen-Kräuter-Paste
33 Klassischer Hummus

34 CHUTNEYS, RELISHES & CO.

36 Mango-Chutney mit Koriander
38 Zitronen-Minz-Chutney
39 Orangen-Dattel-Chutney
41 Rhabarber-Erdbeer-Salsa
42 Zwiebel-Kirsch-Relish mit Honig
44 Gurken-Dill-Relish
45 Paprika-Aprikosen-Relish
46 Tomaten-Rosmarin-Konfitüre
47 Pfirsich-Koriander-Konfitüre
47 Eingemachte Preiselbeeren

48 SENF, KETCHUP & MEHR

50 Scharfer Senf
51 Süßer Senf
52 Aprikosensenf
54 Süßsaure Chilisauce
55 Harissa-Würzpaste
56 Würziger Tomatenketchup
58 Apfel-Meerrettich-Creme
59 BBQ-Sauce mit Räucherpaprika

60 Register
62 Impressum

Das grüne Blatt bei den Rezepten heißt fleischloser Genuss:
Mit diesem Symbol sind alle vegetarischen Gerichte gekennzeichnet.

GUT GEMACHT, GUT GEGESSEN

Allerbeste Zutaten, eine Prise Know-how, und schon kann es losgehen mit Pesto für Pasta, Chutney zum Curry und Senf zur Bratwurst. Aber sie können noch viel mehr ...

GUT EINKAUFEN!

Pesto & Co. sind meist schnell gemacht. Damit sie auch wunderbar aromatisch und würzig schmecken und außerdem lange haltbar bleiben, muss man ein paar Dinge beachten. Beginnen wir beim Einkauf: Schön reif und voller Aroma sollen das Gemüse und die Früchte sein, frisch geerntet und saftig die Kräuter. Von allerbester Qualität müssen die Zutaten sein, damit Pesto und Co. auch richtig gut schmecken. Und das ist dann am wahrscheinlichsten, wenn sie Saison haben! Also idealerweise jahreszeitengerecht einkaufen und Frisches recht bald verwenden. Wenn Kräuter nach dem Einkauf doch einmal ein oder zwei Tage auf ihren Einsatz warten müssen, sollte man sie in einem gut verschlossenen Plastikgefäß im Kühlschrank lagern.

GLÄSER UND FLASCHEN

Zum Aufbewahren eignen sich Gläser und Flaschen mit Schraubdeckel am besten. Die gibt es im Haushaltswarengeschäft oder online zu kaufen, man kann aber auch ausrangierte Pesto-, Honig- oder Konfitüregläser verwenden. Wichtig: Die Deckel müssen unbeschädigt und dicht sein. Bei Bedarf ersetzen, man kann sie auch einzeln kaufen.

GLÄSER VORBEREITEN

Sauberkeit ist oberstes Gebot, wenn Pesto & Co. in den Gläsern und Flaschen eine Weile haltbar bleiben sollen. Gläser und Deckel deshalb am besten mit Wasser bedeckt in einem Topf 5 Min. leicht kochen lassen und so sterilisieren. Mit einer Zange herausnehmen und umgedreht auf einem sauberen Küchentuch abtropfen und trocknen lassen. Auch möglich: Gläser im Backofen bei 100° in ca. 15 Min. sterilisieren. Für Pasten, die nur kurz lagern, genügt es, die Gläser mit sehr heißem Wasser auszuspülen und gut abtropfen zu lassen.

PERFEKT EINFÜLLEN

Zum Einfüllen ist ein Einfülltrichter sehr praktisch, damit bleiben die Ränder der Gläser am ehesten

NOCH MEHR GRÜN

Es müssen nicht immer Basilikum und Pinienkerne sein – grünes Pesto lässt sich geschmacklich vielseitig variieren. Wagen Sie sich auch an Ungewöhnliches, wie z. B. Radieschenblätter im Pesto.

BÄRLAUCH- ODER PORTULAKPESTO

Für ca. 200 ml Pesto 50 g Sonnenblumenkerne in einer Pfanne ohne Fett bei mittlerer Hitze unter Rühren rösten. 50 g Bärlauch oder Portulak (ebenfalls sehr fein: Feldsalat oder Radieschenblätter) gründlich waschen, sehr gut trocken tupfen und grob hacken. Mit den Sonnenblumenkernen und 6 EL Olivenöl fein pürieren. Nach Belieben 2 EL frisch geriebenen Parmesan unterrühren und das Pesto mit Salz und Pfeffer abschmecken. Zum Aufbewahren in ein Glas füllen, mit einer Schicht Olivenöl bedecken und kühl stellen. Das Pesto schmeckt sehr gut zu Pasta oder Gnocchi, aber auch auf geröstetem Brot zum Aperitif.

RUCOLAPESTO

Rucola schmeckt sehr kräftig, manchmal sogar etwas scharf, deshalb nimmt man von ihm etwas weniger als von milderen Kräutern. Ist der Rucola sehr scharf, kann man ihn vor dem Zerkleinern kurz blanchieren, das macht ihn ein bisschen milder. Für ca. 200 ml Pesto 60 g gehäutete Mandeln grob hacken. 40 g Rucola waschen, trocken schütteln, von allen dicken Stielen befreien und grob hacken. Mit den Mandeln und 8 EL Olivenöl fein pürieren und mit 1 Msp. Honig, ¼ TL abgeriebener Bio-Zitronenschale, Salz und Pfeffer abschmecken. Zum Aufbewahren in ein Glas füllen, mit einer Schicht Olivenöl bedecken und kühl stellen. Schmeckt gut zu Pasta, beispielsweise aus Buchweizen.

MINZ-PETERSILIEN-PESTO

Für ca. 200 ml Pesto 50 g Pistazienkerne grob hacken. Je 1 Bund Petersilie und Minze waschen und trocken schütteln. Die Blätter von den Stielen zupfen, sehr gut trocken tupfen und grob hacken. Mit den Pistazien und 5 EL neutralem Öl fein pürieren und mit Salz, Pfeffer und 1 Prise gemahlenem Koriander abschmecken. Zum Aufbewahren in ein Glas füllen, mit einer Schicht Olivenöl bedecken und kühl stellen. Das Pesto schmeckt wunderbar zu gebratenem Gemüse und zu Lammfleisch – vom Grill oder aus der Pfanne. Sehr gut passt es auch zu warmem Schafskäse aus dem Ofen und in ein Dressing für Tomatensalat.

PESTO & KRÄUTERPASTEN

Basilikum und getrocknete Tomaten, Sesam und Chili, Haselnüsse und Thymian, Feigen mit Orange oder Dill und Frischkäse – aromatische Kräuter, feine Nüsse und andere Aromen lassen sich immer wieder neu kombinieren. Und schmecken zu Pasta und Gnocchi, auf knusprig geröstetem Brot und in der Joghurt- oder Quarkmischung!

TOMATENPESTO

100 g getrocknete Tomaten (in Öl) | 2 Knoblauchzehen (nach Belieben) | ½ Bund Basilikum | 50 g Pinienkerne | 5 EL Olivenöl + evtl. Öl zum Bedecken | 2 EL frisch geriebener Parmesan oder Grana Padano | Salz | Pfeffer

Hit aus Italien

Für ca. 220 ml | 15 Min. Zubereitung | ca. 4 Wochen haltbar
Pro 50 ml ca. 290 kcal, 6 g EW, 25 g F, 7 g KH

1 Die Tomaten abtropfen lassen und würfeln. Nach Belieben den Knoblauch schälen und hacken. Das Basilikum waschen und trocken schütteln, die Blätter abzupfen und grob hacken.

2 Die Tomaten mit dem Basilikum, den Pinienkernen, dem Olivenöl und dem Knoblauch fein pürieren. Den Käse unterrühren und das Pesto mit Salz und Pfeffer abschmecken. Zum Aufbewahren in ein Glas füllen, mit einer Schicht Olivenöl bedecken und kühl stellen. Das Pesto schmeckt mit frisch gekochter Pasta und auf gerösteten Weißbrotscheiben, aber auch zu Gnocchi und als würzige Beigabe zu »Insalata Caprese«, dem allseits beliebten Klassiker aus Büffelmozzarella und frischen Tomaten, in Scheiben geschnitten.

VARIANTE TOMATENPESTO MIT SCHAFSKÄSE

Die getrockneten Tomaten abtropfen lassen und würfeln. Mit den gehackten Blättchen von 4 Stielen Minze, 50 g gehackten Pinienkernen oder Mandeln, 5 EL Olivenöl und 50 g zerkrümeltem Schafskäse (Feta) fein pürieren. Mit Salz und gemahlenem Kreuzkümmel würzen. Das Pesto schmeckt super auf einem Salat aus Tomaten, Gurken und jungen Zwiebeln.

ASIATISCHES PESTO

50 g Sesamsamen | 1 Stück Ingwer (ca. 2 cm) | 1 Bio-Limette oder ½ Bio-Zitrone | 1 rote oder grüne Chilischote | 1 Bund Koriandergrün | 5 EL neutrales Öl + evtl. Öl zum Bedecken | 1 TL Honig | Salz

Auch mit Cashewkernen fein

Für ca. 150 ml | 20 Min. Zubereitung | ca. 4 Wochen haltbar
Pro 50 ml ca. 320 kcal, 3 g EW, 32 g F, 4 g KH

1 Die Sesamsamen in einer Pfanne ohne Fett unter Rühren bei mittlerer Hitze rösten, bis sie springen. Herausnehmen. Den Ingwer schälen und fein hacken. Die Limette oder Zitronenhälfte heiß waschen, abtrocknen und die Schale fein abreiben.

2 Die Chilischote waschen und den Stiel abschneiden. Die Chili halbieren. Wer das Pesto nicht ganz so scharf mag, entfernt die Kerne und die Trennhäutchen, sie enthalten am meisten Schärfe. Die Chilihälften ebenfalls hacken.

3 Den Koriander waschen und trocken schütteln. Die Blättchen abzupfen und hacken. Die Sesamsamen mit dem Ingwer, der Limetten- oder Zitronenschale, der Chili, dem Koriander, dem Öl und dem Honig fein pürieren und mit Salz abschmecken. Zum Aufbewahren in ein Glas füllen, mit einer Schicht Öl bedecken und kühl stellen.

TIPP

Das Pesto schmeckt hervorragend als Dip zu Frühlingsrollen. Im Asienladen TK-Frühlingsrollen kaufen und in heißem Öl frittieren. Das Pesto mit 4 EL heißer Gemüsebrühe oder Wasser cremig rühren, mit etwas Sojasauce abschmecken und in ein Schälchen füllen.

KÜRBISKERN-PETERSILIEN-PASTE

60 g Kürbiskerne | 1 großes Bund Petersilie | 5 getrocknete Tomaten (in Öl) | 2 EL neutrales Öl | 5 EL Kürbiskernöl + evtl. Öl zum Bedecken | ½ Bio-Zitrone | Salz | Pfeffer

Steirisch-italienische Verbindung

Für ca. 200 ml | 15 Min. Zubereitung | ca. 4 Wochen haltbar
Pro 50 ml ca. 310 kcal, 5 g EW, 30 g F, 4 g KH

1 Die Kürbiskerne in einer Pfanne ohne Fett bei mittlerer Hitze 1 – 2 Min. unter Rühren rösten, bis sie sich aufblähen. Aus der Pfanne nehmen und zum Abkühlen auf einen Teller geben.

2 Die Petersilie waschen und trocken schütteln, die Blättchen abzupfen und grob hacken. Die Tomaten abtropfen lassen und würfeln. Die Kürbiskerne ebenfalls grob hacken.

3 Die Kürbiskerne mit der Petersilie, den Tomaten und den beiden Ölsorten fein pürieren. Die Zitronenhälfte heiß waschen und abtrocknen, die Schale fein abreiben. Die Paste mit der Zitronenschale, Salz und Pfeffer abschmecken. Zum Aufbewahren in ein Glas füllen, mit einer Schicht Öl bedecken und kühl stellen. Die Paste schmeckt außer zu Fleisch auf geröstetem Brot, zu Bratkartoffeln oder zu einem Salat aus weißen Bohnen und Tomaten. In der Steiermark nimmt man für Bohnensalat gerne die gesprenkelten Käferbohnen. Zubereitet werden sie wie alle anderen getrockneten Bohnenkerne.

TIPP

Die Kürbiskern-Petersilien-Paste serviere ich gerne zu pochiertem Hähnchenbrustfilet. Dafür 1 Bund Suppengrün waschen, putzen und grob würfeln. Mit 2 Scheiben Bio-Zitrone, 2 Lorbeerblättern, 1 TL schwarzen Pfefferkörnern und 2 Wacholderbeeren in einen Topf geben, mit Wasser bedecken und ca. 10 Min. kochen. Den Sud mit Salz abschmecken und die Hitze reduzieren. 4 Hähnchenbrustfilets (je ca. 180 g) in den Sud einlegen und bei schwacher Hitze in ca. 10 Min. gar ziehen lassen. Die Kürbiskern-Petersilien-Paste mit ein paar Löffeln Brühe cremig rühren und zum abgetropften Hähnchenbrustfilet servieren.

MANDEL-TOMATEN-PESTO

50 g gehäutete Mandeln | je ½ Bund Petersilie und Basilikum | 1 Tomate (ca. 70 g) | 2 junge Knoblauchzehen (nach Belieben) | 1 TL Kapern | 1 getrocknete Chilischote | 5 EL Olivenöl + evtl. Öl zum Bedecken | Salz

Sizilianisch inspiriert

Für ca. 200 ml | 15 Min. Zubereitung | ca. 1 Woche haltbar
Pro 50 ml ca. 250 kcal, 4 g EW, 25 g F, 2 g KH

1 Die Mandeln in einer Pfanne ohne Fett bei mittlerer Hitze unter Rühren goldgelb rösten, herausnehmen und grob hacken. Die Kräuter waschen und trocken schütteln, die Blätter abzupfen und fein hacken. Die Tomate waschen und ohne den Stielansatz würfeln. Nach Belieben den Knoblauch schälen und hacken.

2 Die gehackten Mandeln mit den Kräutern, den Tomatenwürfeln, den Kapern, dem Knoblauch, der Chilischote und dem Öl fein pürieren und mit Salz abschmecken. Zum Aufbewahren in ein Glas füllen, mit einer Schicht Öl bedecken und kühl stellen.

HASELNUSS-THYMIAN-PESTO

70 g Haselnusskerne | ½ Bund Thymian | ½ Bio-Zitrone | ½ TL Chiliflocken | 1 TL Honig | 6 EL Olivenöl + evtl. Öl zum Bedecken | Salz

Sehr gut zu Spaghetti oder zu Käse

Für ca. 150 ml | 15 Min. Zubereitung | ca. 4 Wochen haltbar
Pro 50 ml ca. 400 kcal, 3 g EW, 41 g F, 4 g KH

1 Die Haselnüsse grob hacken und in einer Pfanne ohne Fett unter Rühren bei mittlerer Hitze goldgelb rösten. Etwas abkühlen. Den Thymian waschen und trocken schütteln, die Blättchen von den Stielen streifen. Die Zitronenhälfte heiß waschen und abtrocknen, die Schale fein abreiben und etwas Saft auspressen.

2 Die Haselnüsse mit dem Thymian, der Zitronenschale und 1 TL Saft, den Chiliflocken, dem Honig und dem Öl fein pürieren und mit Salz abschmecken. Zum Aufbewahren in ein Glas füllen, mit einer Schicht Öl bedecken und kühl stellen.

WÜRZIGE FEIGENPASTE

Diese fruchtige, gleichzeitig angenehm säuerliche und vor allem würzige Paste gibt es bei mir im Sommer fast bei jedem Grillabend – sie schmeckt eigentlich zu allem!

100 g getrocknete Feigen
1 große saftige Bio-Orange
1 getrocknete Chilischote
1 TL Koriandersamen
1 TL gelbe Senfsamen
½ Bund Basilikum
2 EL neutrales Öl + evtl. Öl zum Bedecken
1 EL Zitronensaft
Salz

Schmeckt nach Orient

Für ca. 300 ml | 20 Min. Zubereitung | 15 Min. Garen | ca. 4 Wochen haltbar
Pro 50 ml ca. 110 kcal, 1 g EW, 7 g F, 11 g KH

1 Die Feigen in Würfel schneiden, dabei die harten Stielansätze entfernen. Die Orange heiß waschen und abtrocknen. Die Schale fein abreiben und den Saft (ca. 125 ml) auspressen.

2 Die Feigen mit der abgeriebenen Orangenschale, dem Orangensaft, der Chilischote, den Koriander- und Senfsamen in einen Topf geben und 50 ml Wasser angießen. Die Flüssigkeit erhitzen und die Feigen zugedeckt bei schwacher Hitze ca. 15 Min. köcheln lassen. Das Ganze abkühlen lassen.

3 Das Basilikum waschen und trocken schütteln, die Blättchen abzupfen und hacken. Die Feigen mit der Garflüssigkeit, dem Basilikum, dem Öl und dem Zitronensaft fein pürieren und mit Salz abschmecken. Zum Aufbewahren in ein Glas füllen, mit einer Schicht Öl bedecken und kühl stellen. Die Paste schmeckt außer zu Entenbrust auch zu Bratwürsten und Wild, zu gebackenem oder gegrilltem Käse und zu Gemüse wie Auberginen, Paprika und Zucchini vom Grill.

TIPP

Die Feigenpaste reiche ich gerne zu gebratener Entenbrust. Dafür 2 Entenbrustfilets auf der Fettseite rautenförmig einschneiden. Aber nicht zu tief schneiden, das Fleisch darf nicht verletzt werden. Die Entenbrüste mit Salz und Pfeffer einreiben. 2 TL Öl in einer Pfanne erhitzen und die Entenbrüste mit der Fettseite nach unten darin bei mittlerer Hitze ca. 6 Min. braten. Wenden und auf der anderen Seite ca. 4 Min. braten. Die Entenbrüste in doppelt gefaltete Alufolie wickeln und im Backofen bei 70° ca. 5 Min. ruhen lassen. In Scheiben schneiden und mit der Feigenpaste servieren.

CASHEWPASTE MIT KRESSE

50 g Cashewkerne | 1 Bio-Zitrone | 1 rote oder grüne Chilischote | 2 Kästchen Gartenkresse | 4 EL neutrales Öl + evtl. Öl zum Bedecken | 1 TL Honig | Salz

Köstlich zu Wokgemüse und Huhn

Für ca. 150 ml | 20 Min. Zubereitung | ca. 4 Wochen haltbar
Pro 50 ml ca. 305 kcal, 5 g EW, 28 g F, 7 g KH

1 Die Cashewkerne grob hacken und in einer Pfanne ohne Fett bei mittlerer Hitze in 1–2 Min. goldgelb rösten. Aus der Pfanne nehmen. Die Zitrone heiß waschen und abtrocknen, die Schale fein abreiben. Die Chilischote waschen und den Stiel abschneiden. Die Schote längs halbieren. Wer gerne scharf isst, hackt sie mit den Kernen. Ansonsten die Kerne herauskratzen. Die Kresse mit der Küchenschere abschneiden.

2 Die Cashewkerne mit Zitronenschale, Chili, Kresse, Öl und Honig fein pürieren und mit Salz abschmecken. Zum Aufbewahren in ein Glas füllen, mit einer Schicht Öl bedecken und kühl stellen.

ERDNUSS-SCHNITTLAUCH-PESTO

½ Bio-Limette | 1 großes Bund Schnittlauch | 50 g geröstete gesalzene Erdnusskerne | 1 TL frische grüne Pfefferkörner (ersatzweise eingelegte aus dem Glas) | 1 TL edelsüßes Paprikapulver | ½ TL gemahlener Kreuzkümmel | ½ TL Honig | 5 EL neutrales Öl + evtl. Öl zum Bedecken | Salz

Fein auf Crackern oder zu Glasnudelsalat

Für ca. 150 ml | 15 Min. Zubereitung | ca. 4 Wochen haltbar
Pro 50 ml ca. 315 kcal, 5 g EW, 32 g F, 3 g KH

1 Die Limettenhälfte heiß waschen und abtrocknen, die Schale fein abreiben und den Saft auspressen. Schnittlauch waschen, trocken schütteln und in Röllchen schneiden. Erdnüsse grob hacken.

2 Die Erdnüsse mit der Limettenschale, dem -saft, dem Schnittlauch, den Pfefferkörnern, dem Paprika, dem Kreuzkümmel, dem Honig und dem Öl fein pürieren. Das Pesto mit Salz abschmecken. Zum Aufbewahren in ein Glas füllen, mit einer Schicht Öl bedecken und kühl stellen.

DILLPESTO MIT FRISCHKÄSE

1 großes Bund Dill | 1 Stück Gurke (ca. 75 g) | 1 Frühlingszwiebel | ¼ Bio-Zitrone | 2 EL Sonnenblumenkerne | 2 EL neutrales Öl | 80 g (Ziegen-)Frischkäse | Salz | Pfeffer

Sehr gut zu Räucherfisch

Für ca. 250 ml | 20 Min. Zubereitung | 3 – 4 Tage haltbar
Pro 50 ml ca. 110 kcal, 4 g EW, 10 g F, 2 g KH

1 Den Dill waschen und trocken schütteln, die Spitzen abzupfen. Das Gurkenstück schälen und längs halbieren, die Kerne mit einem Löffel herauskratzen. Das Gurkenstück würfeln. Die Frühlingszwiebel waschen, putzen und fein hacken. Das Zitronenviertel heiß waschen und abtrocknen, die Schale fein abreiben.

2 Die Sonnenblumenkerne in einer Pfanne ohne Fett bei mittlerer Hitze leicht anrösten. Mit dem Dill, der Gurke, der Frühlingszwiebel, dem Öl und 40 g Frischkäse fein pürieren. Den restlichen Frischkäse mit der Zitronenschale unterrühren und das Pesto mit Salz und Pfeffer abschmecken.

STEINPILZ-CHILI-PESTO

25 g getrocknete Steinpilze | 1 Schalotte | 1 getrocknete Chilischote | 4 EL Olivenöl + evtl. Öl zum Bedecken | 40 g Pinienkerne | 40 g frisch geriebener Parmesan | Salz

Zu Pasta oder auf geröstetem Brot

Für ca. 250 ml | 10 Min. Zubereitung | 30 Min. Quellen | 15 Min. Garen | ca. 2 Wochen haltbar
Pro 50 ml ca. 200 kcal, 5 g EW, 19 g F, 2 g KH

1 Die Pilze in 200 ml lauwarmem Wasser 30 Min. quellen lassen. Dann abtropfen lassen und würfeln, Sud durch eine Filtertüte gießen. Die Schalotte schälen und würfeln. Die Chilischote hacken.

2 Die Steinpilze, die Schalotte und die Chilischote in 2 EL Öl andünsten, mit dem Pilzsud aufgießen und zugedeckt bei schwacher Hitze ca. 15 Min. schmoren. Abkühlen lassen. Die Pilze mit dem Sud, dem übrigen Öl, den Pinienkernen und dem Parmesan pürieren, mit Salz abschmecken. Zum Aufbewahren in ein Glas füllen, mit einer Schicht Öl bedecken und kühl stellen.

AVOCADO-KRÄUTER-PASTE

1 reife Avocado | ½ Bio-Zitrone | 2 EL Olivenöl + evtl. Öl zum Bedecken | 1 TL scharfer Senf | 1 Bund gemischte Kräuter (z. B. Basilikum, Zitronenmelisse, Petersilie, Schnittlauch, Borretsch und Brunnenkresse) | Salz | Pfeffer | gemahlener Koriander

Auch als Pastasauce fein

Für ca. 200 ml | 15 Min. Zubereitung | ca. 4 Tage haltbar
Pro 50 ml ca. 275 kcal, 3 g EW, 29 g F, 1 g KH

1 Die Avocado rundherum bis zum Kern einschneiden. Die Hälften gegeneinander drehen und voneinander lösen. Den Kern entfernen. Das Avocadofleisch herauslösen und fein würfeln.

2 Die Zitronenhälfte heiß waschen und abtrocknen, die Schale fein abreiben und den Saft auspressen. Die Avocado mit 2 EL Zitronensaft, dem Olivenöl und dem Senf fein pürieren.

3 Die Kräuter waschen und trocken schütteln. Die Blätter von den Stielen zupfen und sehr fein hacken. Die Kräuter unter die Paste rühren und alles mit Salz, Pfeffer und 1 Prise Koriander abschmecken. Zum Aufbewahren in ein Schraubglas füllen und mit einer Schicht Öl bedecken. Verschlossen und kühl lagern. Die Avocado-Kräuter-Paste schmeckt sehr gut auf (geröstetem) Brot, eventuell mit ein paar Tomatenwürfeln bestreut.

TIPP

Wer gerne scharf isst, kann 1 kleine getrocknete Chilischote oder 1 Msp. getrocknete Chiliflocken mit dem Avocadofruchtfleisch pürieren.

SALSA VERDE

1 Scheibe altbackenes Brot (ca. 30 g) | je 1 großes Bund Petersilie und Basilikum | 1 EL Kapern | 2 Sardellenfilets (in Öl) | 1 EL Zitronensaft | 5 EL Olivenöl | ca. 2 EL Gemüsebrühe | Salz | Pfeffer

Italienischer Saucenklassiker

Für ca. 150 ml | 15 Min. Zubereitung | ca. 1 Woche haltbar
Pro 50 ml ca. 190 kcal, 2 g EW, 17 g F, 7 g KH

1 Das altbackene Brot in einem Schälchen mit lauwarmem Wasser bedecken und in ca. 10 Min. weich werden lassen.

2 Inzwischen Petersilie und Basilikum waschen und trocken schütteln. Die Blättchen von den Stielen zupfen und grob hacken. Die Kapern und die Sardellenfilets abtropfen lassen.

3 Das Brot gut ausdrücken und mit den Kräutern, den Kapern, den Sardellenfilets, dem Zitronensaft und dem Öl fein pürieren. Die grüne Sauce mit der Brühe nach Bedarf etwas verdünnen und mit Salz und Pfeffer abschmecken. Klassisch wird die grüne Sauce in Italien zu Bollito misto (gemischtem gekochtem Fleisch) und Gemüse serviert. Sie schmeckt aber auch sehr gut zu gekochten oder pochierten Eiern sowie zu gekochtem Gemüse oder zu frittiertem Gemüse in Bierteig (z. B. Blumenkohl, Zucchini und Champignons).

TIPP

Wenn Vegetarier mitessen, lasse ich die Sardellenfilets weg und gebe stattdessen mehr Kapern in die Salsa. Oder ich püriere ein paar entsteinte grüne Oliven mit.

AJVAR, HUMMUS & CO.

Ajvar zu Gegrilltem, zu Schafskäse oder zu Reis, Mojo zu Kartoffeln, Oliven- oder Linsenpaste aufs Brot, Hummus zu Falafel oder auf dem Vorspeisenteller: Paprika und Auberginen, Zucchini und Oliven, Datteln, Linsen und Kichererbsen sind eine ideale Grundlage für cremige Pasten mit ganz viel Geschmack!

PAPRIKA-WALNUSS-PASTE

1 fleischige rote Paprikaschote (ca. 250 g) | 50 g Walnusskerne | 2 Stiele Oregano oder Petersilie | 3 EL Olivenöl + evtl. Öl zum Bedecken | je 1 TL edelsüßes und rosenscharfes Paprikapulver | Salz

Fein nussig

Für ca. 250 ml | 20 Min. Zubereitung | 20 Min. Backen | ca. 2 Wochen haltbar
Pro 50 ml ca. 170 kcal, 2 g EW, 16 g F, 3 g KH

1 Den Backofen auf 250° vorheizen. Die Paprikaschote waschen und durch den Stiel halbieren. Den Stiel und die Trennhäute sowie die Kerne entfernen. Ein Backblech mit Backpapier belegen und die Paprikahälften mit der Schnittfläche nach unten darauflegen. Die Paprika im heißen Backofen (Mitte) ca. 20 Min. backen, bis die Haut dunkle Blasen wirft (siehe S. 25).

2 Die Paprika aus dem Ofen nehmen, in einen Gefrierbeutel geben und ca. 5 Min. abkühlen lassen. Die Paprika dann so gut wie möglich häuten. Wenn ein paar Schalenstücke übrig bleiben, macht das nichts. Die Paprika in Stücke schneiden.

3 Die Walnüsse grob zerkleinern. Den Oregano oder die Petersilie waschen und trocken schütteln. Die Blättchen abzupfen und grob hacken. Die Paprika mit den Walnüssen, dem Oregano oder der Petersilie und dem Öl fein pürieren. Mit den beiden Paprikasorten und Salz abschmecken. Zum Aufbewahren in ein Glas füllen, mit einer Schicht Öl bedecken und kühl stellen. Die Paprika-Nuss-Paste schmeckt sehr gut auf gerösteten Brotscheiben, aber auch zu Ofen- und Pellkartoffeln.

ROTE MOJO MIT CHILI

½ Scheibe altbackenes Toastbrot (ca. 20 g) | 1 rote Paprikaschote (ca. 200 g) | 100 g gehäutete Paprikaschoten (aus dem Glas) | 2 Knoblauchzehen | 1 getrocknete Chilischote | 5 EL Olivenöl + evtl. Öl zum Bedecken | Salz

Spezialität von den Kanaren

Für ca. 300 ml | 15 Min. Zubereitung | ca. 1 Woche haltbar
Pro 50 ml ca. 135 kcal, 1 g EW, 12 g F, 5 g KH

1 Das Toastbrot in einer Schüssel mit Wasser bedecken und ca. 5 Min. quellen lassen.

2 Inzwischen die frische Paprikaschote waschen, putzen und in Würfel schneiden. Die gehäuteten Paprikaschoten aus dem Glas abtropfen lassen und ebenfalls würfeln. Den Knoblauch schälen und in Würfel schneiden.

3 Das Brot ausdrücken und mit den frischen und den gehäuteten Paprika, dem Knoblauch, der Chili und dem Olivenöl fein pürieren. Mit Salz abschmecken. Zum Aufbewahren in ein Glas füllen, mit einer Schicht Öl bedecken und kühl stellen.

TIPP

Auf den Kanaren isst man die Mojo zu Runzelkartoffeln. Dafür 1 kg kleine festkochende Kartoffeln waschen und mit der Schale in einen Topf geben. 1 ½ EL grobes Meersalz dazugeben und die Kartoffeln etwa zur Hälfte mit Wasser bedecken. Das Wasser zum Kochen bringen und die Kartoffeln zugedeckt in ca. 20 Min. weich garen. Das Wasser abgießen und die Kartoffeln bei schwacher Hitze im Topf trocken noch ca. 10 Min. weitergaren, bis sie runzelig werden und von einer weißen Salzschicht überzogen sind. Mit der Mojo servieren.

KLASSISCHES AJVAR

Angenehm leicht und cremig ist diese Gemüsepaste, die durch die Chilischote eine sanfte Schärfe bekommt. Gut auf Brot oder als Beilage zu Fleisch und Fisch!

1 Aubergine (ca. 350 g)
2 rote Paprikaschoten
1 Zwiebel
2 Knoblauchzehen
1 getrocknete Chilischote
4 EL Olivenöl + Öl zum Bedecken
Salz
1 EL Zitronensaft oder Essig
1 TL Zucker

Spezialität vom Balkan

Für 3 Gläser (à ca. 200 ml) | 25 Min. Zubereitung | 40 Min. Backen | ca. 1 bzw. 6 Monate haltbar
Pro 50 ml ca. 60 kcal, 1 g EW, 5 g F, 3 g KH

1 Den Backofen auf 250° vorheizen. Das Backblech mit Backpapier auslegen. Die Aubergine waschen und vom Stiel befreien. Mit einem Messer mehrmals einstechen. Aufs Blech legen und im heißen Backofen (Mitte) ca. 20 Min. backen.

2 Inzwischen die Paprikaschoten waschen und längs halbieren, Stiel, Trennhäute und Kerne entfernen. Die halben Schoten mit den Schnittflächen nach unten auf das Backblech im Ofen zu der Aubergine legen, alles ca. 20 Min. backen, bis die Paprika große dunkle Blasen wirft (Bild 1) und die Aubergine sehr weich ist.

3 Inzwischen Zwiebel und Knoblauch schälen und sehr fein hacken. Die Chilischote fein zerkrümeln. In einem Topf 2 EL Olivenöl erhitzen. Zwiebel, Knoblauch und Chili einrühren, salzen und bei schwacher Hitze ca. 10 Min. dünsten. Ab und zu umrühren.

4 Die gebackenen Paprikaschoten in einen Gefrierbeutel geben und kurz abkühlen lassen. Dann die Haut abziehen (Bild 2) und die Paprika grob würfeln. Die Aubergine längs halbieren und das Fruchtfleisch von der Haut schaben. Ebenfalls würfeln. Paprika, Aubergine und Zwiebelmischung in einen Rührbecher geben, mit dem restlichen Öl, Zitronensaft oder Essig und Zucker fein pürieren und mit Salz abschmecken. Aufkochen, in Gläser füllen, mit Öl bedecken und verschließen, so hält das Ajvar ca. 1 Monat.

5 Für längere Haltbarkeit durch einen Trichter in Einmachgläser füllen und diese verschließen. Gläser in einen mit einem Küchentuch ausgelegten Topf stellen (Bild 3). Heißes Wasser angießen und zum Kochen bringen. Alles ca. 15 Min. köcheln lassen. Die Gläser mit Topflappen herausheben und abkühlen lassen.

1

2

3

OLIVENPASTE MIT CHERMOULA

150 g entsteinte grüne Oliven | 4 EL Olivenöl + evtl. Öl zum Bedecken | 2 TL Zitronensaft | 1 Frühlingszwiebel | 1 Knoblauchzehe | je 4 Stiele Petersilie, Minze und Koriandergrün | je 1 TL gemahlener Kreuzkümmel und edelsüßes Paprikapulver | Salz | Pfeffer

Marokkanisch angehaucht

Für ca. 200 ml | 15 Min. Zubereitung | ca. 2 Wochen haltbar
Pro 50 ml ca. 200 kcal, 1 g EW, 21 g F, 1 g KH

1 Die Oliven grob hacken und mit dem Öl und dem Zitronensaft fein pürieren.

2 Die Frühlingszwiebel putzen, waschen und mit dem hellen Grün fein hacken. Den Knoblauch schälen und durchpressen. Die Kräuter waschen und gründlich trocken schütteln. Die Blätter abzupfen und fein hacken.

3 Die Frühlingszwiebel, den Knoblauch und die Kräuter unter das Olivenpüree rühren und die Paste mit dem Kreuzkümmel, Paprika, Salz und Pfeffer abschmecken. Entweder gleich genießen oder zum längeren Aufbewahren in ein Glas füllen, mit einer Schicht Öl bedecken und kühl stellen. Die Olivenpaste schmeckt sehr gut zu gebratenem Gemüse wie Zucchini- oder Auberginenscheiben, aber auch zu rohen halbierten Tomaten. Ebenfalls fein: zu aufgebackenem griechischem oder türkischem Fladenbrot und Schafskäse (Feta).

TIPP

Chermoula, eine würzige Mischung aus Kräutern und Gewürzen, stammt aus dem Orient und wird dort zum Würzen von Oliven, aber auch von Gemüse oder Dips verwendet. Auch die Olivenpaste lässt sich leicht in einen Dip verwandeln: Ich verrühre sie mit Joghurt, schmecke sie mit Salz ab und serviere sie zum Dippen von Gemüse oder Fladenbrot.

SCHWARZE OLIVENPASTE

150 g entsteinte schwarze Oliven | 2 Zweige Thymian | 1 Sardellenfilet (in Öl) | 1 getrocknete Tomate (in Öl) | 1 EL ganze gehäutete Mandeln | 4 EL Olivenöl + evtl. Öl zum Bedecken | Salz | Pfeffer

Südfranzösisch

Für ca. 200 ml | 15 Min. Zubereitung | ca. 2 Wochen haltbar
Pro 50 ml ca. 285 kcal, 2 g EW, 30 g F, 2 g KH

1 Die Oliven grob würfeln. Den Thymian waschen und die Blättchen abstreifen. Das Sardellenfilet und die eingelegte Tomate abtropfen lassen und mit den Mandeln grob zerkleinern.

2 Die Oliven mit dem Thymian, dem Sardellenfilet, der getrockneten Tomate, den Mandeln und dem Öl fein pürieren und mit Salz und Pfeffer abschmecken. Zum Aufbewahren in ein Glas füllen, mit einer Schicht Öl bedecken und kühl stellen. Die Paste schmeckt auf dünnen, knusprig gerösteten Baguettescheiben.

GRÜNE OLIVEN-CURRY-PASTE

150 g entsteinte grüne Oliven | 2 Stiele Minze | 2 EL ganze gehäutete Mandeln | 5 EL neutrales Öl + evtl. Öl zum Bedecken | ½ Bio-Zitrone | 1 TL Currypulver | Salz | Pfeffer

Mediterran mit indischem Touch

Für ca. 200 ml | 15 Min. Zubereitung | ca. 2 Wochen haltbar
Pro 50 ml ca. 290 kcal, 4 g EW, 30 g F, 2 g KH

1 Die Oliven grob hacken. Die Minze waschen und trocken schütteln. Die Blätter abzupfen und grob zerkleinern. Die Mandeln grob hacken.

2 Die Oliven mit der Minze, den Mandeln und dem Öl fein pürieren. Die Zitronenhälfte heiß waschen und abtrocknen. Die Schale fein abreiben und mit dem Currypulver unter die Olivenpaste rühren. Die Paste mit Salz und Pfeffer abschmecken. Zum Aufbewahren in ein Glas füllen, mit einer Schicht Öl bedecken und kühl stellen. Die Paste schmeckt sehr gut zu indischem Fladenbrot oder frittierten Papadams, aber auch zu rohen Gemüsesticks.

ZUCCHINI-SALBEI-PASTE

Pasten aus verschiedenen aromatischen Gemüsen zählen vor allem im Sommer zu meinen Lieblingen. Sie schmecken auf knusprigem Brot, mit Joghurt gemischt oder als Dip.

250 g Zucchini
10 Salbeiblättchen
2 EL Pinienkerne
4 EL Olivenöl + evtl. Öl zum Bedecken
1 kleine getrocknete Chilischote
Salz
½ Bio-Zitrone
2 EL frisch geriebener Parmesan oder Grana Padano

Weckt Urlaubsgefühle

Für ca. 300 ml | 30 Min. Zubereitung | ca. 1 Woche haltbar
Pro 50 ml ca. 155 kcal, 3 g EW, 15 g F, 3 g KH

1 Die Zucchini waschen, putzen und würfeln. Die Salbeiblättchen kalt abbrausen, trocken tupfen und hacken.

2 Die Pinienkerne in einer Pfanne ohne Fett bei mittlerer Hitze unter Rühren ca. 1 Min. rösten, bis sie goldgelb sind. Herausnehmen und auf einem Teller abkühlen lassen.

3 In derselben Pfanne 1 EL Olivenöl erhitzen. Die Zucchiniwürfel und den Salbei hineingeben und anbraten. Die Chilischote im Mörser fein zerkrümeln und dazugeben. Die Zucchiniwürfel salzen und bei mittlerer Hitze unter Rühren 8 – 10 Min. braten, bis sie weich und leicht gebräunt sind.

4 Die Zucchini lauwarm abkühlen lassen. Die Zitronenhälfte heiß waschen und abtrocknen, die Schale fein abreiben. Die Zucchini mit dem restlichen Öl und den Pinienkernen fein pürieren. Die Zitronenschale und den Käse unterrühren und die Paste mit Salz abschmecken. Zum Aufbewahren in ein Glas füllen, mit einer Schicht Öl bedecken und kühl stellen.

VARIANTE

AUBERGINENPASTE

1 mittelgroße Aubergine (ca. 400 g) waschen und würfeln. In einer Pfanne in 2 EL Olivenöl bei mittlerer Hitze ca. 10 Min. braten. Mit weiteren 2 EL Olivenöl und 3 TL Zitronensaft pürieren. 1 Tomate waschen und ohne den Stielansatz würfeln. 1 EL entsteinte schwarze Oliven und 10 Salbeiblättchen fein hacken. Tomate, Oliven und Salbei unter das Auberginenpüree mischen und alles mit Salz und Pfeffer würzen.

WÜRZIGE DATTELPASTE

150 g einsteinte fleischige Datteln (frisch oder getrocknet) | ½ Bio-Zitrone | 2 Stiele Minze | 1 Frühlingszwiebel | 1 Knoblauchzehe | 5 EL Olivenöl + evtl. Öl zum Bedecken | ca. ½ TL Harissa | ½ TL Ras-el-hanout (siehe Tipp) | Salz

Fruchtig-scharf

Für ca. 250 ml | 25 Min. Zubereitung | ca. 1 Woche haltbar
Pro 50 ml ca. 215 kcal, 1 g EW, 14 g F, 20 g KH

1 Die Datteln in Würfel schneiden. Die Zitronenhälfte heiß waschen und abtrocknen, die Schale fein abreiben und den Saft auspressen.

2 Die Minze waschen und trocken schütteln. Die Blätter abzupfen und hacken. Die Frühlingszwiebel putzen, waschen und mit dem hellen Grün fein schneiden. Den Knoblauch schälen und würfeln.

3 Die Datteln mit der Zitronenschale und 2 EL Zitronensaft, der Minze, der Frühlingszwiebel, dem Knoblauch und dem Olivenöl fein pürieren und mit dem Harissa, dem Ras-el-hanout und Salz abschmecken. Zum Aufbewahren in ein Glas füllen, mit einer Schicht Öl bedecken und kühl stellen. Die Dattelpaste schmeckt wunderbar zu allen orientalischen Gerichten wie beispielsweise Couscous und Tajine, aber auch zu gebratenem und gegrilltem Gemüse, Fleisch und Fisch.

TIPP

Ras-el-hanout ist eine feine Mischung aus mindestens zehn, in der Regel aber etwa 20 verschiedenen Gewürzen. Kaufen kann man sie in gut sortierten Gewürzeläden, im Orient-Shop und auch in vielen Asia-Läden.

ZITRONIGE SARDELLENPASTE

100 g Sardellenfilets (in Öl) | 2 junge Knoblauchzehen | 5 EL Olivenöl + evtl. Öl zum Bedecken | 2 TL Zitronensaft | Pfeffer

Heißt in der Provence Anchoiade

Für ca. 150 ml | 10 Min. Zubereitung | ca. 4 Wochen haltbar
Pro 50 ml ca. 280 kcal, 8 g EW, 26 g F, 3 g KH

1 Die Sardellenfilets gut abtropfen lassen, evtl. mit Küchenpapier abtupfen. Grob würfeln. Den Knoblauch schälen und fein hacken.

2 Die Sardellen mit dem Knoblauch und dem Öl im Mörser sehr fein zerstoßen oder pürieren und mit dem Zitronensaft und Pfeffer abschmecken. Zum Aufbewahren in ein Glas füllen, mit einer Schicht Öl bedecken und kühl stellen. Die Sardellenpaste schmeckt fein auf geröstetem Toastbrot, nach Belieben noch mit etwas hart gekochtem gehacktem Ei garniert. Oder mit einigen Esslöffeln Gemüsebrühe oder Crème fraîche verrührt als Dip zu Gemüsesticks, etwa Paprikaschoten, Möhren, Gurken und Staudensellerie.

TIPP

In Frankreich bekommt man Sardellenfilets auch in sehr guter Qualität in Salz eingelegt. Diese vor der Zubereitung ca. 1 Std. in kaltem Wasser einweichen und wässern. Das Wasser dabei mehrmals wechseln, damit die Sardellen genügend Salz verlieren. Nach dem Wässern die Sardellen unbedingt probieren, ob sie nicht doch noch zu salzig sind. Und zum Abschmecken braucht man ziemlich sicher kein Salz!

LINSENPASTE MIT BASILIKUM

1 Bund Basilikum | 1 Frühlingszwiebel | 2 Knoblauchzehen | 2 EL Olivenöl | 100 g rote Linsen | 225 ml Gemüsebrühe | ½ Bio-Zitrone | Salz | Cayennepfeffer

Frisch und mediterran

Für ca. 300 ml | 15 Min. Zubereitung | 15 Min. Garen | ca. 1 Woche haltbar
Pro 50 ml ca. 95 kcal, 5 g EW, 4 g F, 10 g KH

1 Das Basilikum waschen und trocken schütteln. Die Hälfte der Blättchen beiseitelegen, die übrigen Blätter mit den zarten Stielen fein hacken. Die Frühlingszwiebel waschen, putzen und mit dem hellen Grün fein hacken. Den Knoblauch schälen und ebenfalls hacken.

2 In einem Topf 1 EL Öl erhitzen, die Zwiebel und den Knoblauch darin andünsten. Die Linsen und das gehackte Basilikum dazugeben und kurz mitdünsten. Die Brühe angießen und bei mittlerer Hitze zum Kochen bringen. Die Linsen zugedeckt bei schwacher Hitze ca. 15 Min. garen, bis sie sehr weich sind. Etwas abkühlen lassen.

3 Die Zitronenhälfte heiß waschen und abtrocknen. Die Schale fein abreiben und den Saft auspressen. Die restlichen Basilikumblättchen fein hacken. Die Linsen mit dem restlichen Öl fein pürieren. Das Basilikum mit der Zitronenschale und 3 TL Saft unterrühren und die Paste mit Salz und Cayennepfeffer abschmecken. Für ein kleines Abendessen bestreiche ich Wraps mit der Linsenpaste und streue Tomatenwürfel und zerkrümelten Feta darüber. Aufrollen, fertig. Die Wraps lassen sich auch sehr gut zum Picknick mitnehmen.

VARIANTE LINSENPASTE ASIATISCH

Die Linsen wie beschrieben mit der Zwiebel, dem Knoblauch und außerdem 2 cm frisch gehacktem Ingwer sehr weich kochen und abkühlen lassen. Die Linsen mit dem restlichen Öl und 1 TL Sambal oelek oder Harissa pürieren. Mit 2 TL Zitronensaft und Salz abschmecken. ½ Bund Koriandergrün waschen und trocken schütteln. Die Blättchen abzupfen, fein hacken und unter die Paste mischen.

BOHNEN-KRÄUTER-PASTE

1 Bund gemischte Kräuter (z. B. Zitronenmelisse, Thymian, Borretsch, Oregano und Petersilie) | 1 Dose gegarte weiße Bohnen (240 g Abtropfgewicht) | ½ Bio Zitrone | 4 EL Olivenöl | Salz | Pfeffer

Blitzschnell fertig

Für ca. 300 ml | 10 Min. Zubereitung | ca. 1 Woche haltbar
Pro 50 ml ca. 95 kcal, 3 g EW, 7 g F, 4 g KH

1 Die Kräuter waschen und trocken schütteln. Die Blätter von den Stielen zupfen und grob hacken. Die Bohnen in ein Sieb abgießen und unter fließendem kaltem Wasser gründlich abspülen, bis das ablaufende Wasser klar bleibt. Die Zitronenhälfte heiß waschen und die Schale fein abreiben, den Saft auspressen.

2 Die Bohnen mit den Kräutern, dem Öl, der abgeriebenen Zitronenschale und 1 EL Zitronensaft fein pürieren. Mit Salz und Pfeffer abschmecken und auf knusprigem Brot genießen.

KLASSISCHER HUMMUS

1 Dose gegarte Kichererbsen (240 g Abtropfgewicht) | 3 EL Gemüsebrühe oder Wasser | 3 EL Tahin (Sesammus, aus dem Bioladen) | 3 EL Olivenöl | 2 EL Zitronensaft | ½ TL gemahlener Kreuzkümmel | Salz | Pfeffer

Aus der arabischen Küche

Für ca. 300 ml | 10 Min. Zubereitung | ca. 1 Woche haltbar
Pro 50 ml ca. 105 kcal, 3 g EW, 8 g F, 4 g KH

1 Die Kichererbsen in ein Sieb abgießen und unter fließendem kaltem Wasser gründlich abspülen, bis das ablaufende Wasser klar bleibt.

2 Die Kichererbsen mit der Brühe oder dem Wasser, dem Tahin, dem Olivenöl und dem Zitronensaft pürieren. Mit dem Kreuzkümmel würzen und mit Salz und Pfeffer abschmecken.

TIPP

Klassisch wird Hummus mit Falafel serviert, er passt aber auch zu Gemüse (roh oder gebraten) oder mit Tomaten und Feta ins Fladenbrot.

CHUTNEYS, RELISHES & CO.

Jetzt geht's um den Vorrat! Ein indisch angehauchtes Chutney aus Mango, eine fruchtige Salsa aus Erdbeeren und Rhabarber, ein fein gewürztes Relish aus Gurken und Dill oder eine herzhafte Konfitüre aus Tomaten und Rosmarin – sie alle können monatelang auf ihren Einsatz warten und sind ganz nebenbei ideale Mitbringsel!

MANGO-CHUTNEY MIT KORIANDER

Der Klassiker unter den indischen Chutneys wird noch fruchtiger, wenn man ein paar getrocknete Mangos mitgart. Top zu allen indischen Gerichten und zu allem vom Grill!

100 g getrocknete Mangos
1 Bio-Limette
2 EL weißer Rum
(ersatzweise Wasser)
1 große Mango (ca. 500 g)
2 Frühlingszwiebeln
2 Knoblauchzehen
2 rote oder grüne Chilischoten
1 Stück Ingwer (ca. 4 cm)
50 ml Apfelessig
80 g Zucker
1 TL Salz
4 Stiele Koriandergrün

Tolles Mitbringsel

Für 2 Gläser (à ca. 300 ml Inhalt) | 30 Min. Zubereitung | 1 Std. Quellen | 30 Min. Garen | ca. 1 Jahr haltbar
Pro 50 ml ca. 70 kcal, 0 g EW, 0 g F, 15 g KH

1 Die Gläser vorbereiten (siehe S. 4). Die getrockneten Mangos in kleine Würfel schneiden. Die Limette heiß waschen und abtrocknen, die Schale fein abreiben und den Saft auspressen. Beides mit dem Rum verrühren. Die getrockneten Mangowürfel untermischen und ca. 1 Std. quellen lassen.

2 Die frische Mango schälen und das Fruchtfleisch vom Stein schneiden. Das Mangofruchtfleisch fein würfeln. Die Frühlingszwiebeln waschen, putzen und mit dem hellen Grün in feine Ringe schneiden. Den Knoblauch schälen und fein hacken. Die Chilischoten waschen und vom Stiel befreien, dann ebenfalls in Ringe schneiden. Den Ingwer schälen und fein hacken.

3 Die frischen und die getrockneten Mangowürfel mit den Frühlingszwiebelringen, dem Knoblauch, den Chiliringen, Ingwer, Essig, Zucker, Salz und 75 ml Wasser in einen Topf geben, mischen und zum Kochen bringen. Das Chutney offen bei mittlerer Hitze ca. 30 Min. köcheln lassen, bis es dickflüssig ist.

4 Das Koriandergrün waschen und trocken schütteln. Die Blättchen abzupfen, sehr fein hacken und unter das Chutney mischen. Das Mango-Chutney sofort in die vorbereiteten Gläser füllen und diese verschließen.

TIPP **Eine andere feine Geschmacksnote bekommt das Chutney mit getrockneten Cranberrys oder kandierten Orangen anstelle der getrockneten Mangos.**

ZITRONEN-MINZ-CHUTNEY

6 große Bio-Zitronen | 2 Frühlingszwiebeln | 2 Knoblauchzehen | 1 getrocknete Chilischote | je 1 TL schwarze Pfefferkörner, Koriandersamen und gelbe Senfsamen | 150 g Zucker | ½ Bund Minze | 1 EL Honig | Salz

Angenehm säuerlich

Für 2 Gläser (à ca. 250 ml Inhalt) | 30 Min. Zubereitung | 20 Min. Garen | ca. 1 Jahr haltbar
Pro 50 ml ca. 85 kcal, 1 g EW, 0 g F, 18 g KH

1 Die Gläser vorbereiten (siehe S. 4). Die Zitronen heiß waschen und abtrocknen, die Schale dünn (ohne das Weiße) abschneiden und in feine Streifen schneiden. Die weiße Haut, die die Zitronen umgibt, gründlich abschneiden. Die Fruchtfilets zwischen den Trennhäuten herausschneiden und würfeln. Die Frühlingszwiebeln waschen, putzen und mit dem hellen Grün in Ringe schneiden.

2 Den Knoblauch schälen und mit der Chilischote fein hacken. Die Pfefferkörner, die Koriander- und die Senfsamen in einer kleinen Pfanne bei mittlerer Hitze ohne Fett leicht anrösten. Anschließend im Mörser so fein wie möglich zerstoßen.

3 Das Zitronenfruchtfleisch und die -schalenstreifen mit den Zwiebeln, dem Knoblauch, den gerösteten, zerstoßenen Gewürzen und dem Zucker in einem Topf mischen und zum Kochen bringen. Offen bei mittlerer Hitze ca. 20 Min. köcheln lassen, bis die Mischung dicklich wird.

4 Die Minze waschen und trocken schütteln. Die Blättchen fein hacken. Die Minze mit dem Honig unter das Chutney mischen. Das Chutney mit Salz abschmecken, heiß in die vorbereiteten Gläser füllen und die Gläser gleich verschließen.

ORANGEN-DATTEL-CHUTNEY

100 g entsteinte Datteln (frisch oder getrocknet) | 4 Bio-Orangen | 1 Zweig Rosmarin | 1 Stange Zitronengras | 1 rote Zwiebel | 2 Knoblauchzehen | 1 rote Chilischote | 150 g Zucker | 50 ml Weißwein- oder Apfelessig | Salz

Indisch-orientalische Verbindung

Für 2 Gläser (à ca. 300 ml Inhalt) | 30 Min. Zubereitung | 25 Min. Garen | ca. 1 Jahr haltbar
Pro 50 ml ca. 95 kcal, 1 g EW, 0 g F, 22 g KH

1 Die Gläser vorbereiten (siehe S. 4). Die Datteln klein würfeln. Die Orangen heiß waschen und abtrocknen, die Schale mit dem Zestenreißer dünn ablösen oder fein abreiben. Die Haut darunter so abschneiden, dass das Fruchtfleisch frei liegt. Die Fruchtfilets zwischen den Trennhäuten herausschneiden und klein schneiden.

2 Den Rosmarin waschen und trocken schütteln, die Nadeln abzupfen und fein schneiden. Das Zitronengras waschen, von den Enden und der äußeren Schicht befreien und sehr fein hacken. Die Zwiebel und den Knoblauch schälen und sehr fein würfeln. Die Chilischote waschen, vom Stiel befreien und mit den Kernen hacken.

3 Das Orangenfruchtfleisch und die -schale, die Datteln, den Rosmarin, das Zitronengras, die Zwiebel, den Knoblauch, die Chili, den Zucker und den Essig in einem Topf mischen und zum Kochen bringen. Das Ganze offen bei mittlerer Hitze ca. 25 Min. kochen, bis die Mischung dickflüssig ist. Das Chutney mit Salz abschmecken, heiß in die vorbereiteten Gläser füllen und diese gleich verschließen.

RHABARBER-ERDBEER-SALSA

Immer wenn der erste schöne Rhabarber und fein duftende Erdbeeren bei meinem Gemüsehändler eingetroffen sind, mache ich diese Salsa. Ein echtes Frühlingsglück!

400 g Rhabarber
150 g Erdbeeren
1 rote Chilischote
2 Schalotten
2 Knoblauchzehen
1 TL Koriandersamen
100 g Zucker
1 TL Salz

Fein zu Schweinefleisch

Für 2 Gläser (à ca. 300 ml Inhalt) | 35 Min. Zubereitung | ca. 3 Monate haltbar
Pro 50 ml ca. 45 kcal, 0 g EW, 0 g F, 10 g KH

1 Die Gläser vorbereiten (siehe S. 4). Den Rhabarber waschen und die Enden abschneiden. Falls sich dabei Fäden lösen, diese abziehen. Den Rhabarber in dünne Scheiben schneiden. Die Erdbeeren waschen, vom Grün befreien und würfeln.

2 Die Chilischote waschen und den Stiel abschneiden. Die Chilischote mit den Kernen fein hacken. Die Schalotten und den Knoblauch schälen und sehr fein würfeln. Die Korianderkörner in einer Pfanne ohne Fett bei mittlerer Hitze unter Rühren 1–2 Min. anrösten, dann im Mörser fein zerstoßen.

3 Den Rhabarber und die Erdbeeren mit Chili, Schalotten, Knoblauch, Koriander, Zucker und Salz in einem Topf gut vermischen. 80 ml Wasser dazugeben und alles zum Kochen bringen. Die Salsa offen bei mittlerer Hitze ca. 10 Min. köcheln lassen, bis sie musig ist. Dabei immer wieder durchrühren. Die Salsa heiß in die vorbereiteten Gläser füllen und diese gleich verschließen.

VARIANTE

ZWETSCHGEN-SALBEI-SALSA

500 g Zwetschgen waschen, entsteinen, würfeln und in einen Topf geben. 200 g fein gewürfelte Zwiebeln, 1 TL fein gehackten Ingwer, die gehackten Blätter von 2 Zweigen Salbei, 2 zerdrückte Wacholderbeeren, 1 getrocknete zerkrümelte Chilischote, 75 ml trockenen Rotwein (ersatzweise Trauben- oder Holunderbeerensaft) und 100 g braunen Zucker dazugeben. Alles gut mischen und zum Kochen bringen. Offen bei mittlerer Hitze ca. 20 Min. köcheln lassen, bis die Mischung musig ist. Mit Salz abschmecken, in vorbereitete Gläser füllen und diese gleich verschließen.

ZWIEBEL-KIRSCH-RELISH MIT HONIG

Im Unterschied zu einem Chutney ist ein Relish etwas stückiger und nicht ganz so sämig, sozusagen die englische Antwort auf das würzige Chutney der Inder.

350 g Zwiebeln
400 g Sauer- oder Süßkirschen
1 getrocknete Chilischote
1 EL neutrales Öl
Salz
75 g Zucker
50 ml Rotweinessig
100 ml trockener Rotwein (ersatzweise Traubensaft)
1 EL Honig

Raffinierte Kombination

Für 3 Gläser (à ca. 250 ml Inhalt) | 30 Min. Zubereitung | 20 Min. Garen | ca. 6 Monate haltbar
Pro 50 ml ca. 55 kcal, 0 g EW, 1 g F, 10 g KH

1 Die Gläser vorbereiten (siehe S. 4). Die Zwiebeln schälen und fein hacken. Die Kirschen waschen, abtropfen lassen und entsteinen. Anschließend klein würfeln. Die Chilischote fein zerkrümeln.

2 Das Öl in einem Topf erhitzen. Die Zwiebeln hineingeben, leicht salzen und im Öl bei mittlerer Hitze unter Rühren ca. 5 Min. andünsten. Braun werden sollen sie dabei aber nicht.

3 Die Kirschen mit der Chilischote, dem Zucker, dem Essig und dem Rotwein zu den Zwiebeln geben. Die Zwiebel-Kirsch-Mischung mit ca. 2 TL Salz würzen und offen bei mittlerer Hitze ca. 20 Min. köcheln lassen.

4 Den Honig unterrühren, das Relish abschmecken und heiß in die vorbereiteten Gläser füllen. Die Gläser gleich verschließen und das Relish abkühlen lassen. Das Relish schmeckt sehr gut zu Paté, zu gebratener Leber oder zu Wild, aber auch zu Käse, vor allem zu kräftigen Sorten wie Blauschimmel- oder Rotschmierkäse.

VARIANTE

PREISELBEER-KÜRBIS-RELISH

500 g Preiselbeeren in stehendem Wasser waschen. Preiselbeeren, die oben schwimmen, abschöpfen und wegwerfen. Die Preiselbeeren abtropfen lassen. Aus 1 Stück Muskatkürbis (ca. 500 g) die Kerne mitsamt dem faserigen Fruchtfleisch herausschaben. Den Kürbis schälen und klein würfeln. 1 Rispe frische grüne Pfefferkörner waschen und die Körner vom Stiel ablösen. Grob hacken. Oder 2 TL eingelegte grüne Pfefferkörner kalt abspülen und abtropfen lassen. Die Schale von je ½ Bio-Zitrone und -Orange fein abreiben. Die Orangenhälfte auspressen. Die Preiselbeeren mit dem Kürbis, den Pfefferkörnern, 100 g Zucker, 100 ml Apfelessig, der Zitrusschale, dem Orangensaft und 50 ml naturtrübem Apfelsaft in einem Topf zum Kochen bringen. Mit ca. 2 TL Salz würzen und offen bei mittlerer Hitze ca. 20 Min. köcheln lassen, bis die Mischung dickflüssig wird. Das Relish abschmecken und heiß in vorbereitete Gläser füllen. Die Gläser gleich verschließen und das Relish abkühlen lassen.

GURKEN-DILL-RELISH

2 kleine Gurken (ca. 500 g) | Salz | 2 Frühlingszwiebeln | 1 Stück Ingwer (ca. 1 cm) | 1 Bund Dill | 75 g Zucker | 100 ml heller Essig (z. B. Apfelessig) | 1 TL gelbe Senfsamen | 2 TL gelbes englisches Senfpulver | Pfeffer

Very british

Für 2 Gläser (à ca. 250 ml Inhalt) | 40 Min. Zubereitung | 15 Min. Garen | ca. 6 Monate haltbar
Pro 50 ml ca. 45 kcal, 1 g EW, 0 g F, 9 g KH

1 Die Gläser vorbereiten (siehe S. 4). Die Gurken schälen und der Länge nach halbieren. Die Kerne aus der Mitte mit einem Teelöffel herausschaben. Die Gurken in kleine Würfel schneiden und mit 2 TL Salz mischen. Ca. 30 Min. ziehen lassen.

2 Inzwischen die Frühlingszwiebeln waschen, putzen und mit dem hellen Grün fein schneiden. Den Ingwer schälen und sehr fein hacken. Den Dill kalt abbrausen und trocken tupfen. Die Spitzen abschneiden und die Stiele sehr fein hacken.

3 Die Gurken abtropfen lassen und mit den Frühlingszwiebeln, dem Ingwer, den gehackten Dillstielen, dem Zucker, dem Essig und den Senfsamen in einem Topf zum Kochen bringen. Ca. 15 Min. offen bei mittlerer Hitze köcheln lassen.

4 Die Dillspitzen fein hacken und mit dem Senfpulver untermischen. Das Relish mit Salz und Pfeffer abschmecken und heiß in die vorbereiteten Gläser füllen. Die Gläser gleich verschließen. Das Relish passt hervorragend zu gebratenem Lachsfilet oder Räucherfisch, zu gegrilltem Huhn, aber auch mit Frischkäse auf Toast.

PAPRIKA-APRIKOSEN-RELISH

1 kleine grüne Paprikaschote (ca. 150 g) | 2 große rote Zwiebeln (ca. 150 g) | 400 g Aprikosen | 1 grüne Chilischote | ½ Bio-Zitrone | 1 Zweig Rosmarin | 100 g Zucker | 150 ml Weißweinessig | 1 TL gemahlene Kurkuma | 1 TL gelbes Senfpulver | Salz | Pfeffer | 2 TL Ahornsirup

Fein zu allem vom Grill

Für 4 Gläser (à ca. 200 ml Inhalt) | 25 Min. Zubereitung | 15 Min. Garen | ca. 6 Monate haltbar
Pro 50 ml ca. 45 kcal, 0 g EW, 0 g F, 9 g KH

1 Die Gläser vorbereiten (siehe S. 4). Die Paprikaschote waschen, halbieren, vom Stiel und den Kernen mit den Trennhäutchen befreien und sehr klein würfeln. Die Zwiebeln schälen und ebenfalls sehr fein würfeln. Die Aprikosen waschen, halbieren, entsteinen und in Würfel schneiden.

2 Die Chilischote waschen, vom Stiel befreien und mit den Kernen fein hacken. Die Zitronenhälfte heiß waschen und abtrocknen, die Schale fein abreiben. Den Rosmarin waschen und trocken schütteln. Die Nadeln abzupfen und fein schneiden.

3 Die Paprikawürfel mit den Zwiebeln, den Aprikosen, der Chili, der Zitronenschale und dem Rosmarin in einem Topf mischen. Den Zucker, den Essig, die gemahlene Kurkuma und das Senfpulver und ca. 1 TL Salz untermischen. Alles zum Kochen bringen und offen bei mittlerer Hitze ca. 15 Min. köcheln lassen. Das Relish mit Salz, Pfeffer und dem Ahornsirup abschmecken und heiß in die vorbereiteten Gläser füllen. Die Gläser sofort verschließen und das Relish abkühlen lassen. Es schmeckt wunderbar zu zartem Hähnchenbrustfilet.

TOMATEN-ROSMARIN-KONFITÜRE

500 g vollreife, aromatische Tomaten | 260 g Gelierzucker 2:1 | 2 Zweige Rosmarin | ½ Bio-Orange | 1 rote Chilischote | Salz

Gut zu kräftigem Hartkäse

Für 3 Gläser (à ca. 250 ml Inhalt) | 30 Min. Zubereitung | 2 Std. Ruhen | ca. 1 Jahr haltbar
Pro 50 ml ca. 75 kcal, 0 g EW, 0 g F, 18 g KH

1 Die Gläser vorbereiten (siehe S. 4). Die Tomaten mit kochendem Wasser überbrühen, kurz ziehen lassen, kalt abschrecken und häuten. Die Tomaten ohne die Stielansätze klein würfeln.

2 Die Tomatenwürfel in einem Topf mit dem Gelierzucker mischen und ca. 2 Std. stehen lassen, bis sich reichlich Saft gebildet hat.

3 Den Rosmarin waschen und trocken schütteln. Die Nadeln abzupfen und fein hacken. Die Orangenhälfte heiß waschen und abtrocknen, die Schale fein abreiben und den Saft auspressen. Die Chilischote waschen, vom Stiel und den Kernen mit den Trennhäuten befreien und fein hacken.

4 Den Rosmarin, die Orangenschale und den -saft sowie die Chili und 1 Prise Salz zu den Tomaten geben. Alles zum Kochen bringen und unter Rühren ca. 4 Min. leicht sprudelnd kochen lassen. Die Konfitüre in die vorbereiteten Gläser füllen, die Gläser sofort verschließen und ca. 5 Min. auf den Kopf stellen. Wieder umdrehen und abkühlen lassen.

VARIANTE GRÜNE TOMATENKONFITÜRE

500 g grüne Tomaten waschen und ohne die Stielansätze in dünne Scheiben schneiden, in einen Topf geben und mit 260 g Gelierzucker mischen. 1 frische Feige waschen und würfeln. Mit der abgeriebenen Schale und dem Saft von 1 Bio-Zitrone zu den Tomaten geben und alles ca. 2 Std. stehen lassen. Dann 1 TL gelbe Senfsamen dazugeben, mit 1 kräftigen Prise Salz abschmecken und wie beschrieben kochen.

PFIRSICH-KORIANDER-KONFITÜRE

600 g Pfirsiche | ½ Bio-Zitrone | 250 g Gelierzucker 2:1 | 1 TL Koriandersamen | ½ Bund Thymian | 1 EL Honig | ca. 1 TL Salz

Super zu kräftigem Käse

Für 4 Gläser (à ca. 200 ml Inhalt) | 30 Min. Zubereitung | 1 Std. Ruhen | ca. 1 Jahr haltbar
Pro 50 ml ca. 80 kcal, 0 g EW, 0 g F, 19 g KH

1 Die Gläser vorbereiten (siehe S. 4). Die Pfirsiche waschen, halbieren, vom Stein befreien und klein würfeln. Die Zitronenhälfte heiß waschen und abtrocknen. Die Schale fein abreiben und den Saft auspressen. Beides mit den Pfirsichen und dem Gelierzucker mischen und ca. 1 Std. ziehen lassen.

2 Koriandersamen in einer Pfanne ohne Fett anrösten und im Mörser sehr fein zerstoßen. Thymian waschen und trocken schütteln, die Blätter abstreifen und mit dem Koriander unter die Pfirsiche mischen. Aufkochen und unter Rühren ca. 4 Min. leicht sprudelnd kochen lassen. Honig und Salz untermischen. Die Konfitüre heiß in die Gläser füllen und diese sofort verschließen.

EINGEMACHTE PREISELBEEREN

500 g Preiselbeeren | 2 EL getrocknete Cranberrys | 100 ml Orangensaft (am besten frisch gepresst) | 300 g Gelierzucker 2:1 | Salz

Herbstliches zu Wild und Geflügel

Für 4 Gläser (à ca. 250 ml Inhalt) | 15 Min. Zubereitung | 2 Std. Ruhen | ca. 1 Jahr haltbar
Pro 50 ml ca. 85 kcal, 0 g EW, 0 g F, 20 g KH

1 Die Gläser vorbereiten (siehe S. 4). Die Preiselbeeren in stehendem Wasser durchschwenken. Beeren und Blätter, die an der Oberfläche schwimmen, abheben und wegwerfen. Die Preiselbeeren abtropfen lassen und mit den Cranberrys, dem Orangensaft und dem Gelierzucker in einem Topf mischen. Ca. 2 Std. Saft ziehen lassen.

2 Die Mischung zum Kochen bringen und unter Rühren ca. 4 Min. leicht sprudelnd kochen lassen. Die Preiselbeeren mit 1 kräftigen Prise Salz abschmecken, heiß in die vorbereiteten Gläser füllen und diese sofort verschließen.

SENF, KETCHUP & MEHR

Scharfer und süßer Senf oder doch eine fruchtige Variante mit Aprikosen, milde Chilisauce süßsauer aus Asien und höllisch scharfe Chilipaste aus dem Orient, würziger Ketchup und fein ausgewogene BBQ-Sauce ... Sie alle würzen Fleisch und Wurst, schmecken zu Nudeln und Reis, in Sauce oder Dip!

SCHARFER SENF

1 Zwiebel | je 1 Zweig Salbei und Thymian | 1 Stiel Petersilie | je 1 TL Wacholderbeeren, Koriandersamen und schwarze Pfefferkörner | 2 Lorbeerblätter | 200 ml Apfelessig | Salz | 1 EL Zucker | 125 g braune Senfsamen | 75 g gelbes Senfmehl

Schön pikant

Für 4 Gläser (à ca. 150 ml Inhalt) | 30 Min. Zubereitung | 2 Tage + mind. 1 Woche Ruhen | ca. 6 Monate haltbar
Pro 50 ml ca. 90 kcal, 5 g EW, 5 g F, 5 g KH

1 Die Gläser vorbereiten (siehe S. 4). Die Zwiebel schälen und in Ringe schneiden. Die Kräuter waschen und trocken schütteln. Mit den Zwiebelringen, den ganzen Gewürzen, den Lorbeerblättern, dem Essig, 250 ml Wasser, ca. 2 TL Salz und dem Zucker in einem Topf aufkochen und bei mittlerer Hitze offen ca. 15 Min. köcheln lassen. Den Topf vom Herd nehmen und den Sud abkühlen lassen.

2 Die Senfsamen und das Senfmehl in einer Schüssel mischen. Den abgekühlten Sud durch ein Sieb dazugießen und gründlich unterrühren. Die Mischung zudecken und bei Zimmertemperatur ca. 2 Tage ruhen lassen.

3 Den Senf in der Küchenmaschine oder mit dem Pürierstab fein pürieren, evtl. salzen und in die vorbereiteten Gläser füllen. Diese sofort verschließen. Den Senf mind. 1 Woche durchziehen lassen.

TIPP

Der Senf wird tatsächlich ziemlich scharf. Wer ihn lieber etwas milder mag, lässt den Sud vor dem Abseihen nur knapp lauwarm abkühlen. Die Hitze nimmt einen Teil der Schärfe weg.

SÜSSER SENF

2 Zwiebeln | 1 Apfel | je 1 TL Wacholderbeeren, Koriandersamen und schwarze Pfefferkörner | ½ Zimtstange | 2 Lorbeerblätter | 200 ml Apfelessig | Salz | 200 g Zucker | 100 g gelbe Senfsamen | 100 g gelbes Senfmehl | 2 EL Apfeldicksaft (ersatzweise Honig)

Klassisch zu Weißwürsten

Für 4 Gläser (à ca. 150 ml Inhalt) | 30 Min. Zubereitung | 2 Tage + mind. 1 Woche Ruhen | ca. 6 Monate haltbar
Pro 50 ml ca. 165 kcal, 5 g EW, 5 g F, 22 g KH

1 Die Gläser vorbereiten (siehe S. 4). Die Zwiebeln schälen und in Ringe schneiden. Den Apfel waschen, vierteln, vom Kerngehäuse befreien und in Spalten schneiden. Die Zwiebelringe und die Apfelspalten mit den ganzen Gewürzen, den Lorbeerblättern, dem Essig, 250 ml Wasser, ca. 2 TL Salz und dem Zucker in einem Topf aufkochen und bei mittlerer Hitze offen ca. 15 Min. köcheln lassen.

2 Senfsamen und Senfmehl in einer Schüssel mischen. Den heißen Sud durch ein Sieb dazugießen und gut unterrühren. Die Mischung zudecken und bei Zimmertemperatur ca. 2 Tage ruhen lassen.

3 Den Senf dann in der Küchenmaschine oder mit dem Pürierstab mit dem Apfeldicksaft fein pürieren, evtl. noch etwas salzen und in die vorbereiteten Gläser füllen. Den süßen Senf vor dem Servieren mind. 1 Woche durchziehen lassen.

TIPP

Anstelle von Apfeldicksaft nehme ich zum Nachsüßen auch gerne Honig, der noch etwas Aroma beisteuert. Probieren Sie zum Süßen auch einmal Agaven- oder Ahornsirup.

APRIKOSENSENF

Die fruchtige Süße der Aprikosen harmoniert perfekt mit der Schärfe der Senfsamen. Zur Abwechslung nehme ich auch gerne mal getrocknete Feigen.

100 g getrocknete Aprikosen (am besten Soft-Aprikosen)
1 Stück Ingwer (ca. 2 cm)
2 Knoblauchzehen
½ Bio-Zitrone
1 Zweig Salbei
2 TL Koriandersamen
250 ml Apfelessig (ersatzweise Weißweinessig)
Salz
50 g Zucker
100 g braune Senfsamen
100 g gelbes Senfmehl
1 EL Ahornsirup oder flüssiger Honig (z. B. Akazienhonig)

Angenehm fruchtig

Für 5 Gläser (à ca. 150 ml Inhalt) | 30 Min. Zubereitung | evtl. 1 Std. Quellen | 2 Tage + mind. 1 Woche Ruhen | ca. 6 Monate haltbar
Pro 50 ml ca. 100 kcal, 4 g EW, 4 g F, 10 g KH

1 Nur wenn die Aprikosen sehr trocken sind, in einer Schüssel mit lauwarmem Wasser bedecken und ca. 1 Std. quellen lassen.

2 Die Gläser vorbereiten (siehe S. 4). Den Ingwer und den Knoblauch schälen und in Scheiben schneiden. Die Zitronenhälfte heiß waschen und ebenfalls in Scheiben schneiden. Den Salbei waschen und trocken schütteln.

3 Die Aprikosen evtl. abtropfen lassen und mit dem Ingwer und dem Knoblauch, der Zitrone, dem Salbei, den Koriandersamen, dem Essig, 300 ml Wasser, ca. 2 TL Salz und dem Zucker in einem Topf zum Kochen bringen. Bei mittlerer Hitze ca. 15 Min. köcheln lassen. Den Sud lauwarm abkühlen lassen.

4 Senfsamen und Senfmehl in einer Schüssel mischen. Die Aprikosen aus dem Sud fischen und zugedeckt im Kühlschrank 2 Tage aufbewahren. Den Sud durch ein Sieb zu den Senfsamen und dem Senfmehl gießen und gut unterrühren. Die Mischung zudecken und bei Zimmertemperatur ca. 2 Tage ruhen lassen.

5 Die Aprikosen aus dem Kühlschrank holen und mit der Senfmischung und dem Ahornsirup oder Honig fein pürieren. Den Senf evtl. noch mit etwas Salz abschmecken und in die vorbereiteten Gläser füllen. Die Gläser verschließen und den Senf vor dem Servieren mind. 1 Woche durchziehen lassen.

TIPP **Statt getrockneter Aprikosen nehme ich gerne auch mal frische Früchte wie Quitten oder Birnen (ca. 250 g). Diese putzen, in dicke Schnitze schneiden und im Sud mitkochen. Später mit dem Senfmehl und den Senfsamen pürieren.**

SÜSSSAURE CHILISAUCE

200 g milde Chilischoten | 4 scharfe Chilischoten | 1 Stück Ingwer (ca. 4 cm) | 6 Knoblauchzehen | 1 Stängel Zitronengras | 1 TL Koriandersamen | 200 g Zucker | 150 ml Reisessig | Salz

Feine Würze für Asia-Food

Für 2 Flaschen (à ca. 250 ml Inhalt) | 30 Min. Zubereitung | 30 Min. Garen | ca. 1 Jahr haltbar
Pro 50 ml ca. 90 kcal, 1 g EW, 0 g F, 22 g KH

1 Die Flaschen vorbereiten (siehe S. 4). Die Chilischoten waschen und die Stiele abschneiden. Wer die Sauce lieber etwas milder mag, entfernt auch einen Teil der Kerne oder alle Kerne mitsamt den Trennhäutchen. Die Chilischoten fein hacken.

2 Ingwer und Knoblauch schälen und sehr fein hacken. Vom Zitronengras die Enden abschneiden, die äußere Schicht entfernen, das Zitronengras waschen und fein hacken. Die Koriandersamen in einer Pfanne ohne Fett leicht anrösten, dann im Mörser so fein wie möglich zerstoßen.

3 Chilischoten, Knoblauch, Ingwer, Zitronengras, Koriander, Zucker, Essig und 2 TL Salz in einem Topf mischen. 300 ml Wasser dazugeben und zum Kochen bringen. Die Sauce offen bei mittlerer Hitze ca. 30 Min. köcheln lassen, bis sie dickflüssig wird. Evtl. nachsalzen. In die vorbereiteten Flaschen füllen und diese gleich verschließen.

TIPP

Bei Chilischoten weiß man leider nie, wie scharf sie sind. Um die richtige Mischung zwischen milden und scharfen zu finden, muss man sie also fast testen: Ich streife mit dem Finger darüber und halte diesen an die Zunge. Man spürt die Schärfe, ohne dass sie unangenehm wird.

HARISSA-WÜRZPASTE

50 g getrocknete Chilischoten | 2 Knoblauchzehen | je 1 TL gemahlener Kreuzkümmel und Koriandersamen | ½ TL getrocknete Minze (nach Belieben) | 4 EL Olivenöl + Olivenöl zum Bedecken | Salz

Aufregende Schärfe für Orientalisches

Für 1 Glas (ca. 150 ml Inhalt) | 4 Std. Quellen | 15 Min. Zubereitung | ca. 4 Monate haltbar
Pro 50 ml ca. 190 kcal, 0 g EW, 20 g F, 0 g KH

1 Wer die Paste nicht ganz so scharf haben möchte, entfernt einen Teil der Kerne aus den getrockneten Chilischoten. Die Chilischoten dann in einer Schüssel mit Wasser bedecken und ca. 4 Std. quellen lassen.

2 Das Glas vorbereiten (siehe S. 4). Den Knoblauch schälen und grob hacken. Die Chilischoten abtropfen lassen und mit dem Knoblauch, den Gewürzen, nach Belieben mit Minze und dem Olivenöl in einen hohen Rührbecher geben und so fein wie möglich pürieren. Mit Salz abschmecken, in das vorbereitete Glas füllen und mit einer Ölschicht bedecken. Im Kühlschrank aufbewahren.

TIPP

Für Ofengemüse mit Harissa-Joghurt 1 Aubergine, 2 Paprikaschoten, 2 Zucchini und 2 rote Zwiebeln waschen bzw. schälen, putzen und in nicht zu dünne Scheiben oder Schnitze schneiden. Mit 2 EL Olivenöl und Salz mischen und auf einem mit Backpapier ausgelegten Backblech im 200° heißen Backofen ca. 30 Min. backen. Nach ca. 15 Min. durchrühren. 250 g Joghurt mit 1 EL Olivenöl, 1 TL Harissa, nach Belieben 1 TL gehackter Minze und Salz verrühren und mit Fladenbrot zum Gemüse servieren.

WÜRZIGER TOMATENKETCHUP

Den Liebling kleiner und großer Kinder mal selbst zu machen, lohnt sich vor allem im Sommer, wenn richtig reife und wunderbar aromatische Tomaten zu haben sind.

1 kg vollreife Tomaten
2 Schalotten
2 Knoblauchzehen
1 Stück Ingwer (ca. 2 cm)
1 Stange Zitronengras
2 EL neutrales Öl
2 Lorbeerblätter
1 getrocknete Chilischote
je 1 TL Koriander-, Kümmel- und Senfsamen
½ Zimtstange
1 Gewürznelke
100 g Zucker
200 ml Essig
Salz

Klassiker homemade

Für 2 Flaschen (à ca. 350 ml Inhalt) | 20 Min. Zubereitung | 40 Min. Garen | ca. 1 Jahr haltbar
Pro 50 ml ca. 60 kcal, 1 g EW, 2 g F, 9 g KH

1 Die Flaschen vorbereiten (siehe S. 4). Die Tomaten waschen und ohne die Stielansätze würfeln. Die Schalotten, den Knoblauch und den Ingwer schälen und fein hacken. Vom Zitronengras die Enden abschneiden und die äußere Schicht entfernen (Bild 1). Das Zitronengras waschen und in grobe Stücke schneiden.

2 Das Öl in einem Topf erhitzen. Schalotten, Knoblauch, Ingwer und Zitronengras darin andünsten. Die Tomaten mit den Lorbeerblättern, der Chilischote, den ganzen Gewürzen, dem Zucker und dem Essig dazugeben und alles gut verrühren (Bild 2). Die Mischung salzen und offen bei schwacher bis mittlerer Hitze ca. 40 Min. köcheln lassen, bis sie dickflüssig ist.

3 Die Tomatenmischung durch die Flotte Lotte passieren oder durch ein Sieb streichen (Bild 3). Das Püree wieder in den Topf geben, mit Salz abschmecken und noch einmal aufkochen lassen. In die vorbereiteten Flaschen füllen und gleich verschließen.

TIPP

Für andere Geschmacksvarianten kann man bis zu einem Drittel der Tomatenmenge durch Früchte wie Aprikosen, Pfirsiche oder Stachelbeeren ersetzen. Und auch beim Würzen ist vieles erlaubt: gemahlener Koriander, Chiliflocken für mehr Feuer oder auch einmal Ras-el-hanout (marokkanische Würzmischung; siehe Info S. 30) für eine orientalische Note.

1

2

3

APFEL-MEERRETTICH-CREME

1 säuerlicher Apfel | 2 EL Zucker | 1 Stück Meerrettich (ca. 125 g) | 50 ml Apfelessig | Salz

Raffinierte Kombination

Für 2 Gläser (à ca. 180 ml Inhalt) | 25 Min. Zubereitung | ca. 6 Monate haltbar
Pro 50 ml ca. 30 kcal, 0 g EW, 0 g F, 6 g KH

1 Die Gläser vorbereiten (siehe S. 4). Den Apfel vierteln, schälen und vom Kerngehäuse befreien. Grob raspeln, mit 1 EL Zucker in einem Topf mischen, zum Kochen bringen. Zugedeckt bei schwacher Hitze ca. 5 Min. dünsten. Abkühlen lassen.

2 Den Meerrettich schälen und würfeln. Die Würfel mit dem Apfel, dem restlichen Zucker und dem Essig im Mixer fein pürieren. Achtung: Beim Öffnen nicht in den Mixer schauen, die scharfen Dämpfe des Meerrettichs brennen sonst in den Augen!

3 Die Apfel-Meerrettich-Creme mit Salz abschmecken und in die vorbereiteten Gläser füllen. Verschließen und kühl lagern. Die Creme schmeckt fein zu gekochtem Fleisch und zu Räucherfisch.

TIPP

Frischer Meerrettich hält sich zwar mehrere Monate im Kühlschrank, verliert aber nach einigen Wochen an Schärfe. Ich kaufe also möglichst ein eher kleines Stück und brauche es innerhalb von zwei Wochen auf. Oder ich friere es ein. Statt mit Apfel schmeckt die Creme auch mit Quitten sehr gut. Diese reibt man mit einem Tuch ab, viertelt und schält sie und muss dann mit einem schweren Messer das Kerngehäuse aus dem harten Fruchtfleisch schneiden. Die Quitte raspeln und mind. 10 Min. dünsten.

BBQ-SAUCE MIT RÄUCHERPAPRIKA

1 Zwiebel | 2 Knoblauchzehen | 2 EL neutrales Öl | 2 EL brauner Zucker | 2 EL Tomatenmark | 150 ml Orangensaft (am besten frisch gepresst) | 2 EL Worcestersauce | 3 EL Aceto balsamico | 2 EL Sojasauce | 2 TL geräuchertes Paprikapulver | 1 TL scharfer Senf | Salz

Ein Must im Sommer

Für 1 Flasche (ca. 300 ml Inhalt) | 20 Min. Zubereitung | ca. 1 Monat haltbar
Pro 50 ml ca. 70 kcal, 0 g EW, 4 g F, 8 g KH

1 Die Flasche vorbereiten (siehe S. 4). Die Zwiebel und den Knoblauch schälen und sehr fein hacken. Das Öl in einem Topf erhitzen und die Zwiebel und den Knoblauch darin bei mittlerer Hitze unter Rühren andünsten. Den Zucker dazugeben und unter Rühren schmelzen lassen.

2 Das Tomatenmark, den Orangensaft, die Worcestersauce, den Essig und die Sojasauce dazugeben und alles offen bei starker Hitze in ca. 5 Min. leicht dicklich einkochen lassen.

3 Die Sauce im Topf fein pürieren, mit dem Paprikapulver, dem Senf und Salz abschmecken, in die vorbereitete Flasche füllen und diese gleich verschließen. Die BBQ-Sauce passt zu Chickenwings, aber auch zu anderem Fleisch vom Grill, etwa Spareribs oder Schweine-Nackenkoteletts.

TIPP

Das geräucherte Paprikapulver gibt der Sauce nicht nur eine gewisse Schärfe, sondern auch ein an Speck erinnerndes Aroma, das sehr gut zu Gegrilltem passt. Wenn ich es nicht bekomme, gare ich eine Speckschwarte mit, die ich vor dem Einfüllen aus der Sauce entferne.

REGISTER

Damit Sie die Rezepte mit bestimmten Zutaten noch schneller finden, sind in diesem Register auch beliebte Zutaten wie **Basilikum** oder **Paprikaschote** alphabetisch eingeordnet und hervorgehoben. Darunter finden Sie das Rezept Ihrer Wahl. Vegetarische Rezepte, die im Buch mit einem Blatt gekennzeichnet sind, sind hier grün abgesetzt.

A

Ajvar, Klassisches 24
Apfel-Meerrettich-Creme 58
Aprikosen
  Aprikosensenf 52
  Paprika-Aprikosen-Relish 45
Asiatisches Pesto 11
Aubergine
  Auberginenpaste (Variante) 28
  Klassisches Ajvar 24
Avocado-Kräuter-Paste 18

B

Bärlauchpesto 7
Basilikum
  Linsenpaste mit Basilikum 32
  Mandel-Tomaten-Pesto 13
  Pesto alla genovese 6
  Salsa verde 19
  Tomatenpesto 10
  Würzige Feigenpaste 14
BBQ-Sauce mit Räucherpaprika 59
Bohnen-Kräuter-Paste 33

C

Cashewpaste mit Kresse 16
Chapatis 64

D

Datteln
  Orangen-Dattel-Chutney 39
  Würzige Dattelpaste 30
Dill
  Dillpesto mit Frischkäse 17
  Gurken-Dill-Relish 44

E

Eingemachte Preiselbeeren 47
Erdbeeren: Rhabarber-Erdbeer-Salsa 41
Erdnuss-Schnittlauch-Pesto 16

F

Feigen: Würzige Feigenpaste 14
Frischkäse: Dillpesto mit Frischkäse 17

G

Grüne Oliven-Curry-Paste 27
Grüne Tomatenkonfitüre mit Zitrone (Variante) 46
Gurke
  Dillpesto mit Frischkäse 17
  Gurken-Dill-Relish 44

H

Harissa
  Harissa-Würzpaste 55
  Würzige Dattelpaste 30
Haselnuss-Thymian-Pesto 13
Hummus, Klassischer 33

I

Ingwer
  Aprikosensenf 52
  Asiatisches Pesto 11
  Gurken-Dill-Relish 44
  Mango-Chutney mit Koriander 36
  Süßsaure Chilisauce 54
  Würziger Tomaten-Ketchup 56

K

Kapern
  Mandel-Tomaten-Pesto 13
  Salsa verde 19
Kartoffelchips 64
Kichererbsen: Klassischer Hummus 33
Kirschen: Zwiebel-Kirsch-Relish mit Honig 42
Klassischer Hummus 33
Klassisches Ajvar 24
Koriandergrün
  Asiatisches Pesto 11
  Mango-Chutney mit Koriander 36
  Olivenpaste mit Chermoula 26
Kresse: Cashewpaste mit Kresse 16
Kürbiskern-Petersilien-Paste 12

L/M

Linsenpaste mit Basilikum 32
Mandel-Tomaten-Pesto 13
Mango-Chutney mit Koriander 36
Meerrettich: Apfel-Meerrettich-Creme 58

Minze
- Grüne Oliven-Curry-Paste 27
- Harissa-Würzpaste 55
- Minz-Petersilien-Pesto 7
- Olivenpaste mit Chermoula 26
- Würzige Dattelpaste 30
- Zitronen-Minz-Chutney 38

O

Oliven
- Grüne Oliven-Curry-Paste 27
- Olivenpaste mit Chermoula 26
- Schwarze Olivenpaste 27

Orangen-Dattel-Chutney 39

P

Paprikaschote
- Klassisches Ajvar 24
- Paprika-Aprikosen-Relish 45
- Paprika-Walnuss-Paste 22
- Rote Mojo mit Chili 23

Parmesan
- Pesto alla genovese 6
- Steinpilz-Chili-Pesto 17
- Tomatenpesto 10
- Zucchini-Salbei-Paste 28

Pesto alla genovese 6

Petersilie
- Kürbiskern-Petersilien-Paste 12
- Mandel-Tomaten-Pesto 13
- Minz-Petersilien-Pesto 7
- Olivenpaste mit Chermoula 26
- Paprika-Walnuss-Paste 22
- Salsa verde 19
- Scharfer Senf 50

Pfirsich-Koriander-Konfitüre 47

Pinienkerne
- Pesto alla genovese 6
- Steinpilz-Chili-Pesto 17
- Tomatenpesto 10
- Zucchini-Salbei-Paste 28

Portulakpesto 7

Preiselbeeren
- Eingemachte Preiselbeeren 47
- Preiselbeer-Kürbis-Relish (Variante) 43

R

Rhabarber-Erdbeer-Salsa 41

Rosmarin
- Orangen-Dattel-Chutney 39
- Paprika-Aprikosen-Relish 45
- Tomaten-Rosmarin-Konfitüre 46

Rote Mojo mit Chili 23

Rucolapesto 7

S

Salbei
- Aprikosensenf 52
- Scharfer Senf 50
- Zucchini-Salbei-Paste 28

Salsa verde 19

Sardellenfilet
- Salsa verde 19
- Schwarze Olivenpaste 27
- Zitronige Sardellenpaste 31

Scharfer Senf 50

Schnittlauch: Erdnuss-Schnittlauch-Pesto 16

Schwarze Olivenpaste 27

Sonnenblumenkerne: Dillpesto mit Frischkäse 17

Steinpilz-Chili-Pesto 17

Süßer Senf 51

Süßsaure Chilisauce 54

T

Thymian
- Haselnuss-Thymian-Pesto 13
- Pfirsich-Koriander-Konfitüre 47
- Scharfer Senf 50
- Schwarze Olivenpaste 27

Tomaten
- Kürbiskern-Petersilien-Paste 12
- Mandel-Tomaten-Pesto 13
- Schwarze Olivenpaste 27
- Tomaten-Rosmarin-Konfitüre 46
- Tomatenpesto 10
- Tomatenpesto mit Schafskäse (Variante) 10
- Würziger Tomaten-Ketchup 56

W/Z

Walnüsse: Paprika-Walnuss-Paste 22

Würzige Dattelpaste 30

Würzige Feigenpaste 14

Würziger Tomaten-Ketchup 56

Zitronen-Minz-Chutney 38

Zitronengras
- Orangen-Dattel-Chutney 39
- Süßsaure Chilisauce 54
- Würziger Tomatenketchup 56

Zitronige Sardellenpaste 31

Zucchini-Salbei-Paste 28

Zwetschgen-Salbei-Salsa (Variante) 41

Zwiebel-Kirsch-Relish mit Honig 42

Projektleitung: Monika Greiner
Lektorat: Katharina Lisson
Korrektorat: Waltraud Schmidt
Innen- und Umschlaggestaltung: independent Medien-Design, Horst Moser, München
Herstellung: Renate Hutt
Satz: Kösel, Krugzell
Reproduktion: Repro Ludwig, Zell am See
Druck und Bindung:
Schreckhase, Spangenberg
Printed in Germany
Syndication:
www.jalag-syndication.de

1. Auflage 2016
ISBN 978-3-8338-5015-8
www.facebook.com/gu.verlag

GRÄFE UND UNZER

Ein Unternehmen der
GANSKE VERLAGSGRUPPE

Die Autorin

Cornelia Schinharl hat ihre Liebe zum Essen und Trinken zum Beruf gemacht. Seit vielen Jahren bringt sie ihren reichen Erfahrungsschatz als freie Food-Journalistin und Kochbuchautorin zu Papier und hat für ihre Bücher schon zahlreiche Auszeichnungen bekommen.

Der Fotograf

Jörn Rynio kann seine Liebe für Essen und Trinken beruflich ausleben: In seinem Studio in Hamburg setzt er Food für internationale Zeitschriften, renommierte Verlage und Werbeagenturen stimmungsvoll in Szene. Sein Team bei diesem Buch: Rainer Meidinger (Foodstyling) und Michaela Suchy (Requisite).

Bildnachweis

Titelfoto: Wolfgang Schardt, Hamburg; Autorenfoto: privat; alle anderen Fotos: Jörn Rynio, Hamburg

Titelrezepte

Mango-Chutney mit Koriander (S. 36), Salsa verde (S. 19)

Umwelthinweis:
Dieses Buch ist auf PEFC-zertifiziertem Papier aus nachhaltiger Waldwirtschaft gedruckt.

QUALITÄTS G|U GARANTIE

Liebe Leserin, lieber Leser,

haben wir Ihre Erwartungen erfüllt? Sind Sie mit diesem Buch zufrieden? Haben Sie weitere Fragen zu diesem Thema? Wir freuen uns auf Ihre Rückmeldung, auf Lob, Kritik und Anregungen, damit wir für Sie immer besser werden können.

GRÄFE UND UNZER Verlag
Leserservice
Postfach 86 03 13
81630 München
E-Mail:
leserservice@graefe-und-unzer.de

Telefon: 00800 / 72 37 33 33*
Telefax: 00800 / 50 12 05 44*
Mo–Do: 9.00 – 17.00 Uhr
Fr: 9.00 – 16.00 Uhr
(gebührenfrei in D, A, CH)*

Ihr GRÄFE UND UNZER Verlag
Der erste Ratgeberverlag – seit 1722.

Backofenhinweis:
Die Backzeiten können je nach Herd variieren. Die Temperaturangaben in unseren Rezepten beziehen sich auf das Backen im Elektroherd mit Ober- und Unterhitze und können bei Gasherden oder Backen mit Umluft abweichen. Details entnehmen Sie bitte Ihrer Gebrauchsanweisung.

Appetit auf mehr?

ISBN 978-3-8338-4125-5

ISBN 978-3-8338-3775-3

ISBN 978-3-8338-3427-1

ISBN 978-3-8338-4660-1

ISBN 978-3-8338-3962-7

ISBN 978-3-8338-2896-6

e Auch als eBook erhältlich.

G|U

Willkommen im Leben.

Mehr von GU auf **www.gu.de** und
facebook.com/gu.verlag

ZUM VERSCHENKEN – GUT KOMBINIERT

Was gibt es Schöneres als ein Glas mit etwas Selbstgemachtem? Und zusammen mit indischem Fladenbrot oder knusprigen Chips ist jedes Präsent noch mal so fein!

CHAPATIS

Für 8 Stück: Je 100 g weißes Mehl und Weizenvollkornmehl mit 1 TL Salz mischen. 2 EL Butterschmalz oder Ghee (indisches Butterschmalz) würfeln und mit ca. 100 ml lauwarmem Wasser zum Mehl geben. Alles kräftig zu einem glatten und geschmeidigen Teig verkneten. Zu einer Kugel formen, in eine Schüssel legen und ein angefeuchtetes Küchentuch darüberdecken. Den Teig ca. 30 Min. ruhen lassen, dann in 8 Portionen teilen und auf wenig Mehl rund und dünn ausrollen. Eine Pfanne (am besten aus Gusseisen) heiß werden lassen. Auf mittlere Hitze zurückschalten und die Chapatis nacheinander pro Seite 1 – 2 Min. backen. Abkühlen lassen, verpacken und mit einem Chutney, Relish oder Hummus verschenken.

KARTOFFELCHIPS

Für 4 Portionen: Die Blätter von 2 Stielen Basilikum fein hacken. 1 EL Salzflocken (z. B. Maldon Sea Salt) zwischen den Fingern zerkrümeln und mit ½ TL abgeriebener Bio-Zitronenschale und dem Basilikum mischen. 400 g große Kartoffeln schälen, waschen, abtrocknen und in dünne Scheiben hobeln. Mit Küchenpapier gut trocken tupfen. Ca. 1 l Frittieröl erhitzen. Die Kartoffelscheiben portionsweise darin ca. 3 Min. frittieren. Herausheben und auf Küchenpapier abtropfen lassen. Jede Portion noch einmal ca. 3 Min. frittieren und wieder auf Küchenpapier abtropfen lassen. Dann abkühlen lassen, mit dem Würzsalz mischen und verpacken. Mit Tomatenketchup oder Avocado-Kräuter-Paste verschenken.